進場點與原始停損點之間的距離=風險

相同可虧損金額下
風險越小，可買進張數越多

風險大小決定買進張數多寡

風險越小，可買進張數越多 — 優點

很容易被掃停損 — 缺點

小風險的優、缺點

每買1張風險只有0.2元
(台幣200元)

如果本金100萬
每筆交易可虧損1萬元
10,000/200=50張

但是如果股價
往下跌3檔來到49.9
就會馬上虧損1萬元出場

進場點是50.2元
停損點是50.0元 — 舉例

進場點

風險較大，較能容忍上下震盪
不易被掃停損 — 優點

可買張數較少 — 缺點

大風險的優、缺點

每買1張風險是4元
(台幣4,000元)

如果本金100萬
每筆交易可虧損1萬元
10,000/4,000=2.5

從54到50元之間
我們可以容忍7%左右的震盪
(54-50)/54=0.074
比較不容易被停損出場

進場點是54元
停損點是50元 — 舉例

順勢交易

期望值思維

認識市場不確定與風險 ─┬─ 相信什麼事都會發生

                    └─ 不執著、不預測

情緒風控利器 ── 有好的情緒控管
               才能知道做到、紀律交易

                 ┌─ 正念

                 ├─ NLP
參考方法
                 ├─ 斯多噶哲學

                 └─ 成長型思維

距離

點

─ 投入小於本金2%的資金風險

                                    ┌─ 10,000/4,000=2.5張
假設本金100萬
每筆交易可以賠本金1% ─┤   這時若買2張，資金風險
(台幣10,000元)   └─ 就是8,000元台幣
                          這時若買3張，資金風險
                          就是12,000元台幣

交易觀念

交易觀念與交易心理

交易心理

贏家交易系統
◆ 交易觀念與交易心理
◆ 資金與風控

EGO的
成長交易室

何謂風險?		進場點與停損點之間的
如何風控?		先有停損點,才有進場
如何資控?		在每一個風險單位裡

資金與風險控管

舉例說明		買點54元 停損50元 一個單位風險是價差4元

贏家交易系統
◆ 交易策略
EGO的成長交易室

概念
- 交易策略由風控3個點組成
- 策略的期望值，是由風控3個點指導而出的交易訊號所得
- 期望值公式 — （平均獲利 x 勝率）+ （平均虧損 x 敗率）– 交易成本

原始停損點
- 選股，是在選停損點
- 先有停損點，才有進場點 — 停損點，決定了進場頻率

移動停損點
- 決定獲利多少
- 設定嚴謹的優、缺點
  譬如：跌破MA5就賣
  - 優點 — 可以賣在相對高點
  - 缺點
    - 可承受的回檔震盪較小
      不易抱到大波段
    - 舉例：
      股價回檔跌破MA5甚至MA10之後
      沒破MA20，然後又上漲50%
- 設定寬鬆的優、缺點
  譬如：跌破MA60才賣
  - 優點 — 較有機會抱到長線大波段
  - 缺點 — 只能賣在相對低的價格

優渥叢書

優渥叢書

風控 *Ego* 教你

100張圖學會
順勢交易
抱住飆股

自創「獵鷹9號」，
幫你一次賺進 50% 的獲利目標！

◎作者：Ego 葉韋辰　　◎圖文協力：詹 TJ

CONTENTS

Part-1
為什麼買「飆股」，而不是「存股」？

Part-2
交易系統三大要素

CONTENTS

Part-4

交易系統要素 2：交易策略

CONTENTS

Part-5

交易系統要素 3：交易心理

推薦序

股市從來不是零和遊戲，
只要把握風控就沒有絕對的輸家

點石投資教育學院 創辦人 陳傑明

　　還記得是在一席晚宴上，第一次見到這個年輕人，同桌有上市公司的副董也有股市老師，Ego似乎是跟著其中一位老師來的！而我，或許因為法人操盤手的背景，被拐來吃飯的吧？我猜！

　　因為餐會目的很簡單，提案集資賺錢，而邀請我的人，沒有事前告知這一點。

　　當天，我獨自站在反對方，以一對五的拒絕附議這項提案，原因是我沒看到項目的風控計劃。

　　不甚愉快的餐後，我往路邊停車的方向走，Ego追上來，就這樣兩個人站在街頭聊了兩個多小時。

　　我想這一晚，是風控觀念，首次進到Ego的心中；也或許這個因緣，使後來的Ego得以幫助許多人。

　　股市經常遇到一類人，不斷在尋找聖盃，也就是可以賺錢的策略，或交易方式。當然，各種五花八門的商業教學或書籍，也不缺供應鏈以滿足這類「尋找」的「需求」。

最後對許多人而言，「聖盃」卻沒有出現，甚至是終其一生都未嘗得見。

其實不難理解，舉個例子來說：

如果一個交易策略，在50次的進場中，平均穫利35次，虧損15次（假設每次盈虧都是1％），就不難推估，這「可能」是會賺錢的策略。

同時也表示，若以此策略進場5000次，平均可能會有3500次穫利，及1500次虧損。如果一生交易5000次做假設的話，那麼贏家可能經歷1500次的虧損。這是很正常的事。

而有一類人，拿到一個新策略，試3～4次，若沒賺錢，就直接否定了這個策略。

請試想一下，若在1500/5000次的交易中，連續出現3～4次的虧損，會很奇怪嗎？

一點也不會，這是很正常的事。

結果，有許多人僅憑3～4次的交易經驗，就決定跟一個會賺錢的策略擦身而過。

也就是說，追求聖盃的人若連聖盃的樣子都不知道，那麼即使窮盡一生當然也是找不到的。我相信，Ego也曾在這一類人的行列之中。

然後，他遇到了我。

思考很久，Ego之於我能講的故事很多，但我最希望這篇序文，能讓讀者看見本書的價值，並看懂Ego的佛心。

那麼，到底要怎樣讀這本書，才能體會到其中的珍貴？

背景不同人生軌跡不同，我的前半生受上市公司管理階層刻意栽培，大部份的歲月都在交易室裡度過，直到董座過世之前，甚少接觸這個社會的其他面向。

　　此生也從未在坊間，報名上過什麼交易課程。所以當時我並不瞭解原來有那麼多人因交易問題而深陷其中啊？

　　市場上從不缺韭菜、不缺炒短線、帶風向賺錢的投資客。

　　能夠從市場的限制、人性的弱點中脫身，成為股市中投資舵手者已是少數，有心投入芸芸眾生用知識傳承創造更是難得。

　　在這方面，Ego有著比我多很多倍的同理心、同情心，因為他是過來人；相較於他，我似乎是比較不食人間煙火。

　　過來人才有的同理心，使他具備苦民所苦的能力，所以我相信Ego是一個非常好的老師。

　　每每Ego總說是我造就了他；若依我的感受，是他啟發了我。

　　點石的創辦人是我，但傳承了點石教育精神，長期用無比熱情，與極大的積極，把風控觀念不斷向社會輸出的人卻是Ego。

　　看到這裡，希望讀這本書的人，可以有意識的從書中去體會Ego在書中所傳達的知識以外，其中更深的核心價值；有意識的去覺察，自己對「聖盃」的認知，是否陷於「管窺效應」而不自覺？

　　在參與投資教育的過程中，我經常發現不少人似乎覺得風控等於保守派？其實大錯特錯。

真正的風控，是一門很深的學問，它嚴謹到讓你立於不敗，不會因所謂的黑天鵝，使多年積累毀於一旦；也因此能無後顧之憂，以最大積極度，縱橫於市場。

所以，它到底那裡保守了？

可見，人在尚未潛心學習之前，就存在的謬誤主觀，往往很大程度的阻礙其發展。我的先師，也就是Ego的祖師爺在世的時候就說過：

「交易，是一門自己跟自己較量的學問，不用跟別人比，只需要看，有沒有比昨天的自己更進步？」

願讀過這本書的人，都能成為「明天比昨天的自己，更好的人」，也願讀者領悟到Ego是有祖師爺的，如今他也桃李滿門至今師徒已傳四代，若非真才實學豈能如此相承不斷？

成功並不會是一條輕鬆的路，只想賺快錢或幻想短期就能輕鬆暴利的人，有他們會受到考驗與風險要面對，願讀者體察點石的核心理念。

用風控守護你的交易，真正做到讓獲利奔跑。

與諸君共勉。

註1：點石為投資教育學院，以教育投資者風控觀念為己任，自成立以來，教育市場散戶無數。

註2：Ego為本書作者，點石教育機構長期講師。

作者序

如果當年的我，
有機會一進股市就看到這本書

理財知識訂閱平臺 執行長 詹TJ

"I always said that you could publish my trading rules in the newspaper and no one would follow them. The key is consistency and discipline. Almost anybody can make up a list of rules that are 80% as good as what we taught our people. What they couldn't do is give them the confidence to stick to those rules even when things are going bad."

這是著名海龜實驗創造者Richard Dennis所說過的一段話，他認為就算在報紙上公開發表他的交易法則（策略），也沒有人會完整做到，癥結點在於人們普遍無法維持一致性並保有紀律。此外，他相信任何人都可以開發出跟他的傳授內容一樣好的策略，但是卻還是無法做好交易，只因為人們在逆境中沒有辦法充滿自信、堅守策略。

我相當同意他的說法。市場上，若真有人號稱不藏私公開策略，背後動機與葫蘆裡賣什麼藥都讓我想一探究竟卻又不敢盡

信；那麼，市面上那些「讓人覺得賺錢很容易」的投資教學廣告又是如何呢？

我相當抗拒網路上那些強調快速獲利、穩賺不賠的股市教學廣告，這些「所謂的老師」往往沒能忠實呈現自己的績效，卻憑藉著一兩次的「正確預測、大幅獲利」粉飾太平，甚至強調暴賺去掩護貧乏的教學內容以及不能完整公開的交易紀錄。

此外，這些「所謂的老師」把投資交易演繹成「玄學」，將自己的主觀交易講得無堅不摧卻又似是而非，然後只能虛幻的告訴你這就是「盤感」。

可是，初入市場的散戶哪來的盤感？在散戶們根本不具備量化、系統化的交易模式與成功經驗之前，空泛的一句「要累積盤感」就是在害散戶不斷賠上自己的血汗錢。（我同意真金白銀的輸錢，的確才會痛、會成長，但不知為何而輸、沒有意義的輸，就真的是在拿錢打水漂兒！）

偏偏，只想快速輕鬆致富的、已經輸到怕的散戶就是很吃這一套⋯⋯

工作之便，不管是公司出錢、我自掏腰包，或是公關列席，要價幾千、甚至幾萬塊的交易課程我也上過不少，但我真心覺得許多課程的CP值不高，而且不問學生程度，先用知名度把人吸引進來上課為最高指導原則的所在多有，這也是目前台灣的投資交易教育市場挺糟糕的亂象。

這一本書，其實Ego也正在幹著和當年Richard Dennis一樣的事，用最大的誠意、公開一套他正在使用的交易系統！我真希

望，當年我開始接觸股市投資的時候，就能夠認識Ego，所以我的推薦序，將用幾點說服你：「為了少走點當年我的遠路，先看看這本書吧！」

● 不要馬上相信，抱著存疑檢驗

任何一個坊間傳授投資交易的書、任何一位市場上的名師，內容方法都不見得就是正確、且持續有效的。

當你看完Ego這本書，我強烈鼓勵你、建議你要自己獨立驗證他的方法，再做出你的判斷他所傳授的內容是否有其價值。但是，無論他的方法是否適合你，只要你願意有耐性地走完這段學習之路，我保證你在交易的其他面向也將會大有體悟與斬獲。

● 認識交易系統三大要素

策略、資金管理、心理，是交易系統的三大要素，缺一不可。交易三大要素也可以是一套「教學內容試金石」，未來你將可以用來檢視市場上所有的投資教學課程與商品：

1. 是否有說清楚講明白交易計畫（有正期望值、明確定義風控三個點、並提供策略績效）？
2. 是否有一套良好的資金管理方法（審慎對待每一筆交易與投入的資本）？
3. 是否告訴你要嚴守紀律（嚴守原始停損點、按策略停利出場）？

● 交易心理是最難的部分

在我參與撰寫這本書之前，我深信不移是這樣沒錯。但隨著我一步步學習、探究Ego的方法，我發現，只要你的策略與資金管控都到位，擁有強健穩定的交易心理根本是水到渠成的結果。

當你正在使用一個正期望值的策略在交易，你有一套讓你立於不敗的資金管控方法，試問，還有什麼好患得患失、坐立難安的？

我個人屢試不爽的經驗也正是如此。

我越是憂心忡忡的交易，我就一定虧損收場；我越是處之泰然的交易，獲利總能輕鬆入袋。

說穿了原因無他，我下單前已經做足了我該做到的每一個可控步驟與細節，剩下就是交給老天了。

● 先模仿，然後走出自己的路

我認為「沒有一套眾人皆適用的策略」，因為每個人都各自受到內在個性、理解能力與外在條件（資金、看盤時間）的限制。透過這本書，你將得以一窺專職交易者是如何「開發策略」與「驗證策略」，如果你因此開了眼界，受到激勵與啟發，也想重新靜下心來思索自己的交易優勢，並嘗試打造屬於你自己「信得過、做得到、抱得住」的進出場策略！如果真能引導你走到這

一步，那就又達到我對於這本書的另一個期許了！

● 好策略真的不怕你知道

　　感謝大樂出版社認同我的理念，讓我可以根據我個人的堅持與原則，篩選我認為對散戶真正有助益的好老師、好作者，並媒合出版圖書。

　　也感謝Ego老師能耐得住我的纏與煩，與我反覆討論章節順序、調整內容、修正圖表細節，他和我一起澆灌在這本書的心力，就是想把我們所知道最好的、最棒的交易知識通通告訴你。

　　最後，再次呼應我開頭引述的，我們跟海龜實驗創始者Richard Dennis有著一樣的心情「好策略真的不怕你知道，就怕你知道了卻不去信守實踐！」誠摯邀請你一起領受這本書的美好與價值。

作者序

要成功，更要成長；
但求不斷成長，成為更好的人

葉韋辰Ego

什麼是「風險」？

在我剛進入股市的前幾年裡，我居然不曾思考過這問題，更別說知道答案，所以在「股票風險控管」這個必修學分上，我這個菜鳥幾乎被股市死當；因為無知，我費盡5年的心力在市場拚搏，但那些靠運氣賺來的錢，最終都靠實力賠了回去，前前後後付出的代價一共賠了近4百萬元。

這些痛徹心扉跟資金虧損我都經歷過，而寫下這本書的起心動念，正是希望能幫助更多人，少走些我走過的這段冤枉路。

有句話說：「聰明的人從自己的錯誤中學習，有智慧的人從別人的錯誤中學習。」這些年來我一直努力想成為那個聰明人，而正在翻閱這本書的你，即將會是那位有智慧的人。

我的人生曾經很簡單，跟許多人一樣也想只是好好讀書、好好考試、好好找個工作、好好經營家庭，然後安穩過完這一生。

我確實也這麼做了，具體來說是做了三分之一；我從不太好考的中央警察大學畢業，也通過了一樣不太好考的國家特種考試，之後當了10年警官。按理說再幹個20幾年，我就可以達成大

部分人眼中的「標準(公務員)人生」?但是,在外人眼中求學、求職之路都甚為順遂,應該也可以算是人生勝利組的我,最後卻辭去了鐵飯碗公職,選擇成為一個自由交易員,靠交易維生,你一定感到好奇,到底我心裡的盤算是什麼呢?

● 踏入股市,只想多賺一點錢

在踏入股市前,每當接近月底的時候,我常常得厚著臉皮在ATM提款機前反覆換插好幾張提款卡,勉強地把幾個戶頭裏僅剩的「零頭」轉到同一帳戶去湊錢,只因為我需要提領一張千元大鈔供生活開銷使用。有時身後不巧會出現其他排隊的民眾,我還得故作鎮定、無視他們一雙雙不耐煩的眼神。

當時的場景、渾身不自在的感受,如今回想起來,我還是感到歷歷在目。

所以,我會踏進股票市場的想法其實很簡單,就是「想多賺一點錢」。雖然警官公務員待遇不算差,但日常生活的大小開支還是讓我捉襟見肘(車貸、孝親費、兩個小孩的奶粉錢……),也存不了什麼錢,更別說在都會區裡買間房子是想都不敢想。

但踏入股市後呢?我的經濟狀況真有馬上得到好轉?

是的,我的確不再湊合好幾張提款卡來領錢,因為山不轉路轉,我改成去可以領百元鈔票的提款機……顯然,殘酷的現實是,進入股市後的我並沒有能力「多賺一點錢」。

在股票市場裡,所有人同樣被貼上「投資人」的標籤,但發展出來的結果卻是大相逕庭,有些人可以從股市積累出億萬財

富，有些人卻是窮途潦倒。而一開始的我很接近後者。

我在股市結結實實的重摔過好幾回，那時我的人生曲線是個不折不扣「高不過高、低破前低」的下跌趨勢，「上班如行屍走肉，回家要掩飾醜陋」正是我生活的最佳寫照，那真是段刻骨銘心的日子，我畢生難忘。

● 先學會不輸，才有機會贏

我嘗試了一切努力，看了幾百本書、上過幾十位老師的課、日夜研究K線圖，我求知若渴卻不斷虧損，賠錢賠到懷疑自己、懷疑人生，甚至懷疑那些贏家是不是根本都是假的？他們在股市致富的故事其實都是騙局？

就在我萬念俱灰的時候，因緣際會讓我遇到了Ben老師，我終於才真正學習到能在股市持盈保泰的至上心法「風險控管」。在那之後，我的虧損終於逐漸止血，交易帳戶甚至開始轉虧為盈，風控觀念確實改善了我的績效，也讓我有勇氣辭去公職，成為全職的交易者。

也因為知道風險控管的好處，我加入了點石團隊，並且以成為市場上推廣風險控管的傳道人為己任。經過多年的交易實務與教學經驗，我把「風險控管」的真諦濃縮成這句口號：「先有停損點、才有進場點。」

是它讓我的交易績效不再屢創新低，它讓我「先學會不輸，才有機會贏」。

　　現在，我的工作就是交易，穩健的獲利績效確實呈現「高過前高、低不破前低」的成長曲線。我的轉變過程猶如一場逆轉勝，寫下這本書不僅是為了記錄我的成長，更是希望能讓更多人也能跟我一樣「願意改變，迎來成長，進而創造屬於自己的感動」。

● 成為贏家

　　我們都知道水要沸騰，需要達到沸點，在100度C沸點到達前，不管是20度C甚至90度C，沒有顯著變化看上去也毫不起眼，但在持續加熱的過程，溫度的爬升卻從來都沒停止過。

　　這本書特別寫給「加熱中」的你，或許你剛從0度C開始，也或許已經來到85度C，我希望這本書所分享的「交易系統」能增進你在交易領域的學習效率，讓你「對的事情重複做」，甚至是在99度C這個轉變的臨界點，這本書也能助你跨過那最關鍵的1度C，最終產生質變，也在股市裡沸騰起來……成為贏家！

> "
>
> 「當一切努力看似無用，我會去看石匠敲打石頭。可能敲了一百下，石頭上連一條裂縫都沒有，但就在第一百零一下，石頭斷裂為兩半。然後我瞭解到，把石頭劈成兩半的不是最後那一下，而是先前的每一次敲擊。」
>
> 社會改革家雅各里斯
>
> "

前言

在進入市場之前，Ego想對你說

● 要「成為贏家」，而不只是「想賺錢」

　　「想賺錢」一直看不慣「成為贏家」，他總認為自己賺錢的能耐比對方更勝一籌。某天，兩人在交易市場上狹路相逢，「想賺錢」當然不會放過這一較高下的機會，向「成為贏家」發出戰帖。

　　經過一番比拚，「成為贏家」最終贏得了這場較量且賺到了錢；反觀「想賺錢」，不僅敗下陣來，還把錢雙手奉上給了「成為贏家」。

　　如果今天我們以「心態」做為一道分水嶺，那股市中的所有參與者可以被分成「具備有贏家心態的人」與「沉溺於輸家心態的人」。

　　大部分的人一開始進入市場的起心動念，都是「想賺錢」。然而，打從17世紀開始有股市交易以來，「想賺錢」的投資人最終都很難得償所願，這其中甚至也包括昔日購買了南海公司的股票，一度小賺，最終卻大賠收場的世紀天才牛頓先生。

　　人們不是總說「心想事成」嗎？為什麼一心「想賺錢」反倒賺不到錢呢？

　　勇於想像「想賺錢」、「賺大錢」都是值得肯定的，但交易者需要的是「正確地想」。具體來說，交易者應該用力想像的，是想著「自己有依照交易系統紀律操作，最終賺到大錢」！

　　那些缺乏正確的想像，單單只是「想賺錢」的投資人，只要看到帳面上有賺，那怕只是一點點小錢，都會想要趕緊放進口袋，深怕獲利稍縱即逝；反之，當帳面呈現虧損的時候，他們卻是遲遲砍不下停損。

　　因為「想賺錢」的他們，認為停損賣掉股票就等於是賠錢、認輸了，說什麼也不願意做出這樣的決定！於是選擇不作為，放任虧損持續在自己的帳戶裡發展，讓原本的小賠有機會演變成中賠，甚至是大賠。

　　贏家剛好相反，他們擁有交易系統，並且依法操作、紀律執行。遇到虧損，贏家乾淨俐落地在小賠時就結束這筆交易，杜絕後患；遇到獲利，贏家遵從交易系統指導，直到趨勢發展結束才終止這筆交易。他們在未來人生裡的數百次、數千次交易機會裡，總是「先有停損點、才有進場點」，並且確實做到「把風險抓好、讓獲利奔跑」，反覆進行「賺多賠少」的交易內容，不斷累積財富。

● 無法在市場上獲取長期正報酬才是失敗

　　《超級績效2》作者馬克是全美交易冠軍，他在書上說：「贏家是屬於沒辦法容忍失敗的人。」作者這句話的用意，並不是把

交易中的停損視為失敗。他真正想強調的是，「縱容任何一次交易出現大賠」、「無法在市場上獲致長期正報酬」，這些才是贏家真正無法容忍的失敗。

交易的路顛頗挫折，贏家早已了然於胸也不會因此躊躇不前，他們看得更遠，他們更在意自己是否「對的事情重複做」，踏實穩健的往目標邁進！

所以，進入股市的一開始，千萬別只是絞盡腦汁地「想賺錢」，而是校正心裡目標把「成為贏家」視為第一優先，努力向贏家看齊，期許自己也能擁有一套長期正報酬的交易系統，以及具備穩定的交易心態。

● 該如何定義「成功」

美國四星上將巴頓將軍曾說：「評價一個人成功的標準，不是看他站上頂峰，而是看他從頂峰跌落低谷之後的反彈力。」

這是我讀過最有力量的一段話，沒有之一。它提醒了我在人生的各個階段都不應該滿足於當下的成功。在求學時期，不以考上名校為滿足，因為搞定了眼前的考試，之後還有畢業、求職等關卡要過；在生涯發展上，不以個人成就而滿足，因為儘管擁有眼前穩定的薪資收入，之後還有感情經營、養兒育女等課題要面對。

在交易之路上，這段話也提醒我們不要以「這季大賺30％」或者「今年本金報酬翻倍」為滿足，儘管過往績效屢創佳績，並無

法保證未來也是如此，因為下一季、下一年的挑戰將接續而至。

反覆咀嚼巴頓將軍這段話，它讓我們重新定義「成功」二字；所謂的成功，更接近於「不斷成長」的概念。它讓「成功」變成是一種里程碑式的動態發展，而不是終點站式的靜態目標；不是現階段達到特定成就就算成功，而是要讓自己具備化障礙為道路的能量，並帶著成長型思維不斷向上。

● 「總是風控」才能立於不敗

風控的重要啟發來自點石團隊創辦人Ben老師，是他教會我「先充分風控，再去追逐獲利」，進而從觀念上轉變，讓我知道要將停損看待為「成本」，是我追求「大賺」的過程中，得付出的必要成本。

孫子兵法有云「先為不可勝，以待敵之可勝」，意思是說「先打造自己不會被敵人戰勝的條件，等待敵人被我戰勝的時機」。交易也是如此，每次進場前無論如何都必須先做好風控，確保不會一次就被市場掃地出門，確保自己能持續在市場裡好好活著，才有看到、並且參與每一次「賺多賠少」的機會。

在多年與學員教學相長的經驗下，我設計出「先有停損點、才有進場點」這個slogan與執行方案，只要實踐「先有停損點、才有進場點」，就已經做到了「風險控管」。我將在這本書裡與你進階分享我原創的「風控3個點」，未來你只需在每一筆交易裡釐清這3個環節，就能在進場前先立於不敗之地！

●「審慎選股」才能積極獲利

我們進入交易的市場，絕對不是為了追求交易的快感，而是為了要證明自己的方法可行、能有賺多賠少的交易結果，並累積出長期正報酬。

請務必記得，激情一點都不重要，重要的是長期的正報酬！

因此，我們需要的是「審慎選股」，就像高超的獵戶「不見兔子不撒鷹」，我們不見進場訊號絕不輕易出手。

我常對我的學員們說：「更多的交易機會，可能只是創造更多的虧損。」因為，高頻的進出場交易，有時並不會提高勝率，也徒然消耗了金錢與時間。

「少則得，多則惑」，老子的智慧也提醒著我們相同的道理。當你的選擇多了，頻繁變換、顧此失彼而陷入了迷惑，也忘記了自己真正想要的是什麼；但當你的選擇少了，你專注不徬徨，反而最終有所得。這句話看似言簡意賅，卻也恰恰完整體現了我「專注於更少但是更好」的選股哲學。

本書隨後的章節我將與你分享我的風控選股策略「獵鷹9號」，和你一起學習這一套厚積薄發、博觀約取的審慎選股方法。

●「選擇突破」才能不再盤整

還在警界服務的時期，我把每天的「警職工作」過成了一個呆板的盤整型態：除了假日，就是日復一日的早上7點進辦公室，晚上6點回家。

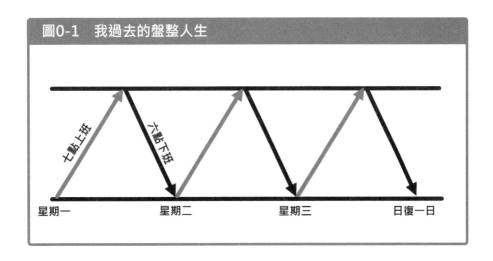

圖0-1　我過去的盤整人生

每天回程塞在車陣裡的時候，我總會反覆的問自己：「這樣的生活，真的是我要的嗎？」雖然，我心裡也很清楚，相較於大部分的受薪階層，繼續維持這樣的工作與生活型態並沒有不好，但是，若不求改變，我也等於做出了一個「選擇」。

若選擇了穩定，就很難突破現實中的大小框架；既然選擇了突破，就要下定決心，頭也不回地遠離那充滿框架的人生。

也許你會感到疑問，受雇於私人企業、或是有份鐵飯碗的工作就一定是盤整人生嗎？倒也不一定。如果你勤勤懇懇、苦幹實幹，或許你可以把自己的職涯發展成一個緩漲型態：「每年加薪一點、數年升官一次。」

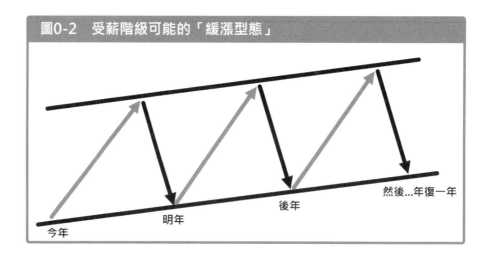

圖0-2 受薪階級可能的「緩漲型態」

今年　明年　後年　然後...年復一年

然而，這樣的緩漲狀態一樣不是我想要的，於是我對自己做了一個問答：

■ 自己現在的生活與工作是怎樣的「型態」？
■ 對於目前這樣的「型態」，我的感受如何？
■ 我真正渴望、想用力追求的又是怎樣的「型態」？

會這樣問自己，因為這些問題的答案涉及到我對自己的「目標設定」。倘若我心裡很滿足於當時的盤整狀態，但理智上卻又覺得自己好像該出來闖一闖？這時潛意識跟理智思考不同調，很容易在心態上是騎驢找馬，那之後的發展就很難專注深入，無法不斷突破精進。

所以，我對上面問題的回答是：

■ 認知到自己的生活型態是「盤整人生」

■ 每想起此事就渾身不對勁。

■ 在交易與開發策略過程中，發現飆股的邏輯：「漲多跌少」，漲多跌少的狀態也正是我對自己的期許！於是潛意識跟理智達成共識，我選擇「活出自己的飆股人生」！

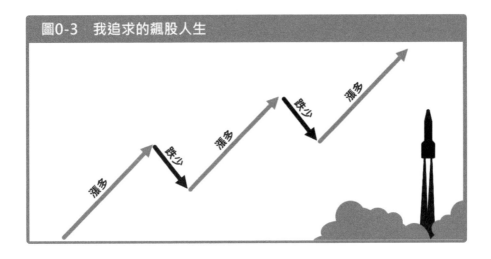

圖0-3　我追求的飆股人生

這張圖跟「盤整型態」的不同之處，在於「上漲」比較多，「下跌」比較少，如果能讓它持續反覆「漲多跌少」，就能得到一條往右上角發展的趨勢線，我稱它為「飆股曲線」。

我充分相信，如果你也能領略這個漲多跌少飆股曲線所代表的意義，它將可以成為你未來選股買賣的指導方針；在漫長的人生中，「漲多跌少」也可以成為你生活的信念，它會持續帶來巨大的心智力量。

● 選擇的同時，也是放棄

曾聽人說：「人生就是不斷由一個個選擇而組成的」，我很認同，甚至我覺得「好的人生」是來自不斷做出一個又一個「好選擇」。

曾經我也思考過：是要留在公職好？還是全職做交易？或者先有孩子好？還是先衝事業好？這些都是選擇，甚至「不做選擇」也是一種選擇；當然「選股」這回事，更是在選擇。

在這不斷選擇的過程裡，我體會到2個意義：

■「選擇」的背後，是「放棄」。

■ 面對選擇的兩難時，永遠選擇「長期」的好處。

倘若我選擇持續在警界服務，眼前的好處就是我能維持穩定的月薪收入，但待得越久，想出來闖盪的衝勁逐漸退去，成就個人事業的機會也將失之交臂。

又好比一檔股票昨天剛買，今天就漲停，只要現在把它賣掉，那10％的獲利就可以馬上得到。但是賣掉的同時，也等於失去了之後參與它漲幅100％、200％的大賺機會。

所以，當我決心選擇活出「飆股人生」，就得放棄穩定的公務人員鐵飯碗；當交易者選定趨勢出現時才進場，就得放棄在盤整格局裡瞎攪和；當我決定要成為贏家，就是不再讓自己成為「輸者眾」裡面的那個微小分母。

　　自此我們明白，「現在」的我們，是「過去」無數個選擇累積而來，過去已無法改變，但「未來」還可以，要想改變未來就要從改變現在的選擇品質開始。

"

因為心裡嚮往自由，所以買賣不能恣意；
因為交易上的自律，掙出生活上的自由。

"

Part 1

為什麼買「飆股」，而不是「存股」？

✔ 「買飆股」是一種事業，我們有技法選飆股、
　有心法抱飆股；而「停損」是這個事業的成本，
　為了取得大賺的必要成本。

1-1 買「飆股」的三大理由

現在市場一片擁護「存股」，「存股」儼然已經成為台股顯學的現在，我卻大聲呼籲要選「飆股」，是基於以下3點理由：

1. 存股也有風險，把風險放在刀口上

→ 既然投資一定有風險，那我寧願把承擔風險的機會，投資在飆股上。

2. 做飆股其實可以很風控

→ 很多人普遍覺得上漲中飆股若往下跳水，乍看像是「從20樓往下跳」，很恐怖？

→ 但若我們事先把「風控防護網」鋪設在19.5樓處就攔截，其實只跌了0.5樓，風險並沒有比較大。

→ 重點不是股價會下跌多少，而是我們把風控停損點設計在下方多遠處？

3. 存股太慢，飆股較快

→ 存股一年報酬率或許可以有18％，但這要本金夠大，存很多年才讓人有感。

→ 現實生活中，每個月的固定支出、旅遊規劃……睜開眼就是柴米油鹽醬醋茶，有許多地方需要開銷。在風控優先的前提下，我認為選進飆股是最佳選項，選進那些漲幅動輒突破100％、甚至可以讓本金翻數倍的飆股，才能創造較高的正期望報酬，讓資金使用效率相對較高。

1-2 什麼是飆股？

首先，我們先一起來看看飆股，認識飆股的樣貌。

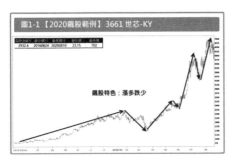

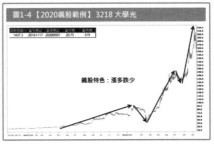

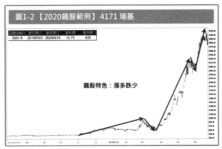

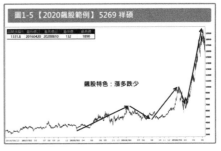

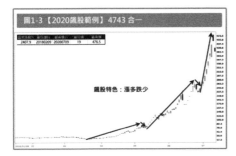

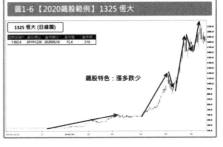

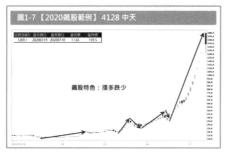

圖1-7【2020飆股範例】4128 中天

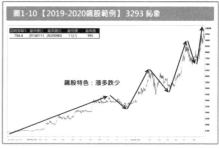

圖1-10【2019-2020飆股範例】3293 鈊象

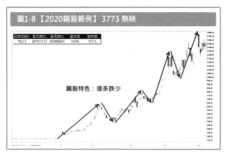

圖1-8【2020飆股範例】3773 熱映

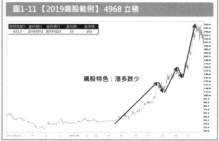

圖1-11【2019飆股範例】4968 立積

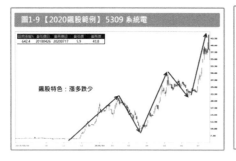

圖1-9【2020飆股範例】5309 系統電

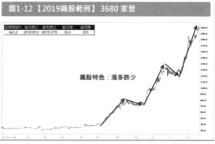

圖1-12【2019飆股範例】3680 家登

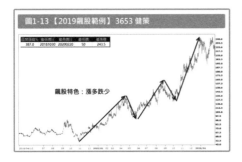

圖1-13【2019飆股範例】3653 健策

飆股特色：漲多跌少

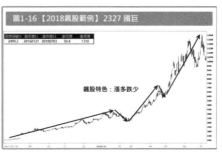

圖1-16【2018飆股範例】2327 國巨

飆股特色：漲多跌少

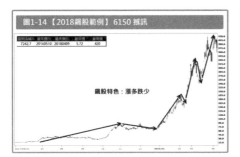

圖1-14【2018飆股範例】6150 撼訊

飆股特色：漲多跌少

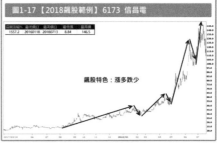

圖1-17【2018飆股範例】6173 信昌電

飆股特色：漲多跌少

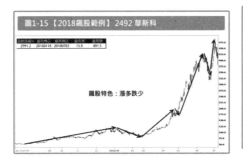

圖1-15【2018飆股範例】2492 華新科

飆股特色：漲多跌少

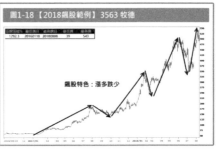

圖1-18【2018飆股範例】3563 牧德

飆股特色：漲多跌少

飆股的定義：「漲多跌少」

單看「漲多跌少」4個字會覺得很抽象，所以透過上面這些飆股走勢圖，我們能進一步得到飆股的4個描述：

1. 長期來看，上漲「空間」比較大，下跌「空間」比較小。
2. 長期來看，上漲「時間」比較長，下跌「時間」比較短。
3. 長期來看，下跌空間，甚少超過原先上漲空間的一半。
4. 在發展過程中，形成一個「上漲→下跌→反彈向上續創新高」的循環，但循環可能隨時結束。

這裡我們發現，原來用「空間力道×時間力道」就可以描述出飆股的輪廓。

順著這邏輯，你可以檢視台股不同年份的不同飆股，絕大多數都符合這「漲多跌少」的定義。

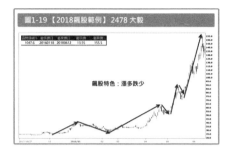

圖1-19【2018飆股範例】2478 大毅

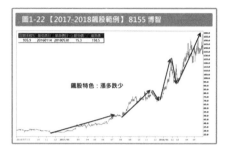

圖1-22【2017-2018飆股範例】8155 博智

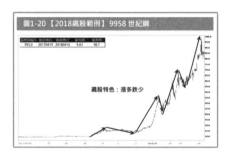

圖1-20【2018飆股範例】9958 世紀鋼

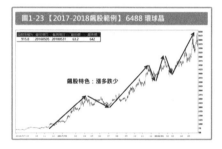

圖1-23【2017-2018飆股範例】6488 環球晶

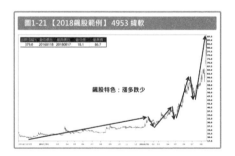

圖1-21【2018飆股範例】4953 緯軟

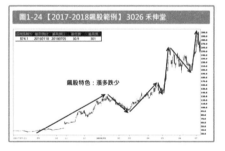

圖1-24【2017-2018飆股範例】3026 禾伸堂

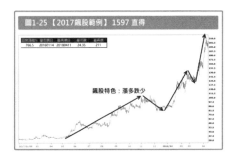

圖1-25【2017飆股範例】1597 直得

飆股特色：漲多跌少

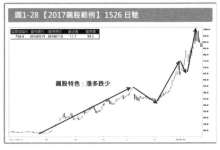

圖1-28【2017飆股範例】1526 日馳

飆股特色：漲多跌少

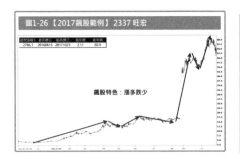

圖1-26【2017飆股範例】2337 旺宏

飆股特色：漲多跌少

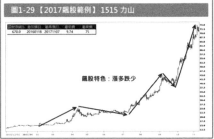

圖1-29【2017飆股範例】1515 力山

飆股特色：漲多跌少

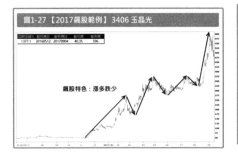

圖1-27【2017飆股範例】3406 玉晶光

飆股特色：漲多跌少

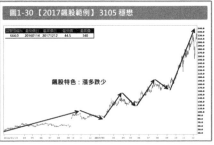

圖1-30【2017飆股範例】3105 穩懋

飆股特色：漲多跌少

其實飆股策略開發是很有趣的，如果你自己也能投入心思去找到更多的飆股，甚至也把國外的股票掃視一輪，你將對這個「漲多跌少」的定義更加有感。

常聽人說台股是「淺碟市場」，從這份飆股名單裡也可以清楚驗證。此外，看了這幾十檔飆股，我們也會發現飆股名單是不斷變動的，沒有永遠的飆股、沒有永遠的霸主。

換句話說，如果飆股還沒停止「飆股循環」，那就會一直停留在飆股名單上，反之若它不再符合上面第3點定義，當它的回檔開始變多了，時間空間力道也變弱了，那飆股循環就結束了。

這讓我們得到一個交易上的啟發：「在循環持續的過程，說好不放手；在循環結束的時候，說好不持有。」

註：「台股是淺碟市場」是形容台灣的市場整體就如同「很淺的碟子裝滿水」，碟子沒有深度，很容易因為外部的風吹草動（政治因素、國際消息）就引發震盪，造成裡面的水溢出來（台股漲跌波動劇烈）。

1-3　想像會成真，只要精準定義

心理學告訴我們「一件事會被實現兩次」：

1. 首先，是在大腦裡成形

2. 然後，是在生活裡被實現

想成就一件事，我們必須先在腦裡對這件事有了清楚的概念跟精準的定義後，大腦才會認得它，知道它是什麼之後，才能接著動手去實踐。

換個角度說，若我們今天很想要一個什麼東西，但其實自己卻又說不清楚那是什麼，最後通常很難達到。

好比常聽人說：「身在福中不知福」。因為當大腦不知道什麼是「福」，生活上就不知道自己「身在福中」。

「想像」之所以會成真，並不神奇，是因為你想得夠明確，定義得夠精準，並且去行動、去實踐。所以價差投機者的問題，不在於操作上「選不到飆股」，在於思考上「要先定義飆股」。

《自在修練，40個賽斯修為法輕鬆上手》也提到：「信念創造實相。」意指在這個世界上，不論與我相處的任何人，或我經驗的任何事，都源自我的念頭。是我在念頭裡先有了人與事的精神意象，而後以我為核心，形成了磁場，接著再吸引人或創造事

來到我的生命中，讓我深刻去經驗。換句話說，發生在我生命裡的任何事，不論吉凶禍福、成敗得失，其實全都是由自己創造的。

一旦我們在大腦裡把飆股想清楚、將飆股精準定義，開發策略時就知道該如何設計選入飆股的條件，而且執行買進動作並持有飆股後，更因為已經全心全意的相信它就是飆股，也就得以在上漲過程中抱好抱滿，實現獲利最大化。

1-4 把投機變成一個事業

很多人把買賣股票當作偏財運，更多人說「投機」不可取，但我卻是選擇「把投機變成一門事業」。

同前所述，很多事情會因為「定義」的改變，而有截然不同的行為結果。當今天我們把「投機」當作一個事業，我們就必須用經營事業的態度去看待投機，我們的眼光、想法也將會有翻天覆地的變化。

身為投機這個事業的企業主，你不會再替自己的失敗「解釋原因」，你會想著該怎麼「解決問題」；你會把重點放在「交易的過程」，而非「交易的結果」；你會聚焦在「長遠的目標」，看淡「眼前的損益」；你將不再歸咎「市場的不可控」，而會專注在「自身的可控」。

當你擁有企業主心態，去面對你的交易生涯時，才能不停的成長，不停地增加你自身的無形資產（懂K線型態、指標、籌碼；辨識出漲多跌少的空間與時間力道；做好漲跌風控並嚴守資金風控；具備良好的成長型思維與情緒風控……等等）。你會努力讓你的「投機公司」不破產，可以永續經營，存活於市場上；為了擴大經營你的投機事業，你會致力於追求長期的正報酬。

回頭想想，前面提過的「成為贏家」的思維，是否跟成功的企業主心態，有異曲同工之妙？是的，唯有當你把投資看待成一個事業，並以成為成功企業主自許，你終將成為市場的贏家！

交易系統三大要素

✓ 「市場贏家」並不是贏在神預測或運氣好，
而是贏在擁有「交易系統」，並且依法操作、
紀律執行。

2-1　什麼是交易系統？

知名投資顧問與交易訓練專家Van K. Tharp在他的著作中《交易‧創造自己的聖盃》有以下幾點論述：

■「對於同一件事情，如果有幾個人都可以把該事情做好，那麼相關技巧就可以被模仿或傳授。」

■「想要發展一套好模型，你必須找到幾個能夠把特定事情做好的人。」

■「然後，你需要訪問這些人，尋找他們具備的共通之處，這就是創造模型的最主要工作。關鍵是尋找他們的共通之處，否則你所看到的很可能是他們個人特有的性質，這些個人特質通常不重要。」

在創業者中，當我們把微軟的比爾蓋茲、蘋果的賈伯斯、臉書的祖克柏、阿里巴巴的馬雲等贏家擺在一起比較時，會發現他們雖然來自不同領域，卻可以歸納出許多相同的特質，譬如：

■ 保持熱情，永不放棄的恆毅力。

■ 覺察當下，時刻專注的正念療癒力。

■「相信自己可以」的自我效能感與成長型思維。

顯然，有些「贏家特質」是各個領域共通的。同樣的，在交易的世界裡，採用不同交易方法的贏家，他們之間也必定存在「共通之處」。有贏家擅長短線的當沖、隔日沖，有贏家專做長線大波段；有的贏家專注技術分析，有的贏家信奉價值投資。每個人都有不同的策略方法跟交易手段，但相同的是他們都有「交易系統」。

然而，不管是初進市場的新手或是已經具有一定資歷的老手，多半都沒辦法具體說明自己完整的交易內容，「交易系統」更是連聽都沒聽過。

市場贏家的「共通之處」，也就是「交易系統」，沒有想像中的複雜難懂，其實就僅是一個完整交易的基本組成：

1. 資金與風險控管

2. 交易策略

3. 交易觀念與交易心理

在前一章節中我呈現了大量飆股範例，目的是要凸顯「上漲→下跌→反彈向上續創新高」這個關鍵飆股循環特徵。從這個循環特徵中，請各位思考下面這三個問題：

1. 如何買到未來會飆漲的股票？

2. 買進之後，如何做好風控，因應可能的下跌？

3. 如何持續做到前面2點，並且確保長期正報酬？

　　如果你能回答問題1，表示你擁有買進飆股的策略；如果你能回答問題2，表示你具備資金管理與風控的概念；如果你能回答問題3，那你的交易心態顯然相當成熟穩健。在你過往的交易過程中，是否3個問題都有了然於胸的答案呢？

　　說穿了，市場上的贏家之所以是贏家，原因無他，就只是因為他們能掌握自己的交易系統，所以在面對這3個問題總是能夠面面俱到，如此而已。

2-2 交易系統（一）資金與風險控管：
活下來比什麼都重要

　　什麼是「風險」？就是「進場點與停損點之間的距離」。而風險控管，就是將事先計算好的風險當作此次交易的最壞打算，當價格觸及停損點時，果斷執行停損，不讓傷害擴大。

　　請注意，這裡所指的是「受到傷害時，不讓傷害擴大」，而非「都不受到傷害」。

　　「風險控管」可分成2部分來討論：

　　狀況1：虧損狀態的出場，謂之「原始停損」。

　　狀況2：獲利狀態下出場，謂之「移動停損」。

　　「資金控管」是實務交易很重要的一個要素，若說是最重要的要素其實也不為過，因為良好且正確執行的資金控管，是對抗破產風險、能在市場上永續生存的的關鍵武器。

　　以下是兩個極端的錯誤資金控管情況：

　　錯誤情況1：股票下跌20％，本金卻賠了50％。

　　錯誤情況2：股票明明大漲100％，但本金卻只增加2％。

　　這兩個狀況恰恰反映了資金控管要解決的兩大課題：

　　（一）如何降低資金曝險，不在某一次交易中大失血，及

　　（二）如何在低風險的狀況下，有效率的運用資本去賺取更大的可能獲利？我們都將在後面章節深入探討。

2-3 交易系統（二）交易策略：不只 「逮到飆股」，還要「抱住飆股」

　　資金與風險控管談的是「防守」，那「交易策略」掌管的就是「進攻」。好比一支籃球隊，若只是很會防守仍無法贏球，他們還必須設計出進攻的戰術，於比賽過程中投射三分球、禁區高低位搭配、以多打少的快攻陣型等等。

　　偏偏很多人在進入交易市場時，對於「該如何進攻」是缺乏主見也沒有想法的。他們最常犯的錯誤，不外乎就是聽信小道消息、想問別人意見、遇到下跌卻選擇繼續「買便宜」試圖攤平買進價格、沒有停損點……。但是，為什麼他們會這樣？交易者之所以會犯下這些錯誤，其實就是因為他們在交易時沒有交易策略的，更精準地說，他們的買賣決策缺乏清楚而毫不含糊的指令。

　　一個好的交易策略必須簡單且合乎邏輯，如此一來我們才可能用它來穩健交易。在本書的第四章節，我會介紹獵鷹9號選股策略，展示策略架構與驗證結果，讓你知道、並且願意相信「逮到、並且抱住飆股、使獲利最大化的獵鷹九號選股策略」是我推薦給你最理想的進攻策略。

 **2-4** 交易系統（三）交易心理：
讓人知道並做到上面 2 點

　　沒有策略、沒有風控，絕對行不通；但就算有策略，有風控，卻還是做不好交易？到底問題出在哪？因為就算擁有最好的資金與風險控管、交易策略，仍然需要有心理層面的規劃，去因應交易中將面臨的各種情緒。

　　「交易心理」就是讓我們時刻自我覺察，覺察心中的念頭、感受，希望、貪婪、恐懼和痛苦會讓人分心，而這些潛藏在心裡的感受想法，往往就是主導我們的決策與行為的最大原動力。

Part 3

交易系統要素1：
資金與風險控管

✓ 「活下來」比什麼都重要！資金與風險控管
的目的，就是在預防最壞的事情發生。

3-1 相信什麼事都會發生

2019年我讀了一本書《賺錢再自然不過》，整本書令我印象最深的一句話叫做：「相信什麼事都會發生。」

這本書有很多觀念都很好，但請你**就謹記這句話「相信什麼事都會發生」**，因為這句話就足夠你在股市裡受益一輩子。

巴菲特的合夥人查理蒙格曾說：「告訴我往哪個方向去會死，那我就不往那個方向去。」所以，在投入市場之前，我們必須先要弄懂市場上超過8成的投資人都是怎麼輸的？

「賠錢」、「大賠」，或許你會這樣回答。這很正確。但具體來說，他們是怎麼賠的？

簡單來說，他們之所以會「賠錢」、「大賠」，就是因為沒有「相信什麼事都會發生」。

在歷經2020年美股創歷史紀錄的熔斷次數、各國股市最小單位時間累積出最大跌幅、台股紛紛創下歷史最大跌點、跌幅，甚至在這崩跌過程，台指期還一度快要「漲停」，許多前所未見的紀錄，更令人相信什麼事都會發生。

後來的發展大家也都看到了，在疫情衝擊尚未減緩下，包括台灣在內，全球經濟尚未好轉，但台股大盤指數卻開始反彈，許多人說這是所謂的「無『基』之『彈』」，甚至說這只是「死貓

跳」，大盤指數終究要掉下去。

但彈著彈著，台股就這樣默默地創了歷史最高點，我們不知道它哪天會下去，但確定的是，在上漲過程卻堅持看跌做空的投資人，「又」被追繳了一次保證金、再賠一大筆；前一次則是在2020年初下跌時，做多的投資堅信股價會上漲，結果終究禁不起激烈的熊市攻擊。

當我們「相信什麼事都會發生」，我們即能見到自己渺小，一旦對此有信念，我們不會過度自信、不會固執，當心中沒有執著，這才真能穿越喧擾的消息迷霧，實實在在看見趨勢，進而順勢而為。

曾經有人要六祖慧能講講佛法，慧能說：「一念不生，就是本來面目。」這觀念拿來做股票也很適用，它讓我們不去對股價走勢生起無謂念頭或過度評價，我們需要做的，就是只管發現趨勢的本來面目，看跌說跌、看漲說漲。

假設交易者決定買進某檔股票，之後不管因著什麼緣故，股價下跌了，若這時他依然相信「未來會更好」，或者他聽到電視、報紙、某某老師、公司高層說這間公司前途一片光明、市場需求暢旺，產線工單已經排到明年第三季……，於是他就會不停說服自己、催眠自己手上的股票終究會漲回來，他也就不會在眼見股價下跌甚至大跌時，選擇停損賣出。

這就是典型的沒有相信「什麼事都會發生」，只執著相信「它一定會漲回來」。

　　或許消息可能是對的？但沒人可以確定「未來會更好」，股價就不會跌；或許它未來真的會漲，但也可以先跌個40％、60％再來「報復性反彈」？但也根本沒人能保證「未來會更好」是真實的、報復性反彈也不一定真會出現。這一切，就只是自己一廂情願，而「消息面」最難的就是真真假假又無從求證！股價的漲跌不確定性已經很高了，若再被這些也同樣不確定的消息來迷惑自己，只會讓交易雪上加霜。

　　或許你會問：「那什麼是真實的？」

　　「股價」，股價是最真實的。如同道氏理論說：「所有的資訊消息都已經反映在股價上了。」

　　當相信什麼事都會發生，我們就會很謙卑地尊重眼見的股價走勢，做多買進卻遇到股價下跌，我們會尊重下跌趨勢，於是在跌破預設的停損點時，認賠賣出，而不是明明見到股價在跌卻執著它未來會漲，也不會明明該停損卻認為等反彈再出。

　　「相信什麼事都會發生」，使我們更能順勢交易。

　　當然，停損出場之後，還是可能漲上去，因為什麼事都會發生，但是，它也可能不漲上去。若最後又回頭漲上去，我們頂多是沒賺到；但我們也必須意識到，如果股價真的繼續大跌且真的沒再漲上來，那我們會大賠。

　　而我們說什麼也不能大賠，因此寧願冒著「賣出之後可能漲回去沒賺到」的風險，也不願承擔大賠的結果。

　　這裡值得特別一提的是，如果你發現自己總是運氣很差，每次都在賣出去之後，股價就大漲一波，那你真的要好好記錄自己

的選股與買賣，因為很可能這就是你未來制勝的關鍵。

「在與之前保持一致性思維的原則下，這次想買，先緩緩，等它哪天跌破你原本會停損的位置之後，再來買進。」如果有這樣的覺察，幾乎就可以開發出一套反市場心理的交易策略了。所以，真的不用覺得自己老是被洗是件壞事。

> "
>
> 「相信什麼事都會發生」，所以總是會做好風控。如果事情的發生有利於己，我們盡可能獲利最大化；如果不利於己，果斷停損，讓虧損最小化就是決勝關鍵。
>
> "

3-2　先有停損點、才有進場點

　　因為「相信什麼事都會發生」，所以總是會做好風控。如果事情的發生有利於己，我們盡可能獲利最大化，而如果事情不利於己，果斷停損，讓虧損最小化就是決勝關鍵。

　　「先有停損點、才有進場點」是我過去多年在部落格、實體課程及專欄上大聲疾呼的風控slogan。

　　現在很多點石學員只要跟親朋好友聊起風控，都會先用這句話打頭陣。但是，「先有停損點、才有進場點」不只是一個口號，更是一個行動指導方針。

　　一開始很多人無法接受這邏輯，因為這很違背「常理」。今天我們進來股市，不就是要獲利嗎？要獲利，就是買一檔會漲的股票，然後在高點把它賣掉，就這麼簡單不是嗎？

　　對，這樣的思考並沒錯，但不夠完整。

　　因為這段話建立在一個被忽略的大前提之下：「這檔股票一定會漲。」如果這檔股票一定會漲，那其實也不用在乎什麼風控，甚至不該風控，因為它一定會漲，對吧？乾脆就把全部身家押上去，然後高檔賣掉，就能大賺一筆了。

　　但問題就在這裡：「有哪一檔股票一定會漲？」

　　首先，我們相信什麼事都會發生，因此買進後它不漲反跌，

也是絕對有可能的。

再者，我猜就連巴菲特都無法回答「哪檔股票一定會漲」，否則為什麼連他也會有看錯認賠的時候（2020年波克夏哈薩威公司第1季財報淨虧損近500億美元，巴菲特亦坦言買進美國4大航空公司股份是個錯誤）。甚至橋水資本的達利歐、金融巨鱷索羅斯，債券天王葛洛斯，甚至大家都推崇的「華爾街傳奇作手—傑西·李佛摩」都無法回答，也都會虧損，甚至破產高達8次之多。

順勢交易的贏家都不是靠「事先知道哪檔股票會漲」而成為贏家，想要在未來的行情裡獲利，我們並不需要先知道未來行情怎麼走。順勢交易的贏家靠的是「累積賺多賠少」，這裡的關鍵詞是：「賠少」。

順勢交易者承認自己無知，無知於哪檔股票會漲或跌，所以可能會買到最終是虧損出場的股票；但他們卻又清楚知道只要哪天趨勢出現，產生巨大價差時，自己也會正確地參與到波段利潤，順勢徜徉，並將獲利最大化。

> 順勢操作的方法之所以有效，是因為你不會自作聰明。

3-3 風險的定義

　　我們常常說要「風險管理」，那什麼是風險？如果我們沒有定義風險，又怎知道要管理什麼？「沒有定義」正是許多投資人的一大罩門。

　　常聽到有人會這麼講「等到他股價跌下去我就要買」，但到底是跌多少才要買？5元？10元？還是跌5％？10％？

　　因為沒有事先定義，投資人永遠會覺得「那再等一下好了」，但如果今天它是一檔強勢股，你會發現它根本就沒有太多低點讓你有機會買進，於是你就會後悔「當初為什麼沒有買」。

　　這其實是個不切實際的後悔，因為就算再讓你重來一次，你一定還是不會買，關鍵就在於你沒有「事先定義明確的買入價格」。

　　再打個比方，「低買高賣」這個股市人人追求的目標，那怎樣的價格才是「低」？怎樣的價格才是「高」？

　　今天股價是50元，你說要「低買高賣」，所以不追在50元。

　　那今天股價下跌到45元，有低點了，你依照自己「規劃」買進。只是買進之後，股價沒如預期上漲，又繼續下跌到42、40、38元，怎麼辦？

　　回頭想想自己的指導原則「低買高賣」，於是會繼續買，因

為38是低、36是低、30元也是低。但有沒有可能這檔股票就這樣
一去不復返了？絕對有可能！

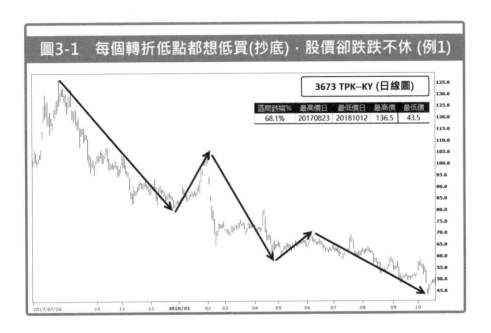

圖3-1　每個轉折低點都想低買(抄底)，股價卻跌跌不休 (例1)

3673 TPK–KY (日線圖)

區間跌幅%	最高價日	最低價日	最高價	最低價
68.1%	20170823	20181012	136.5	43.5

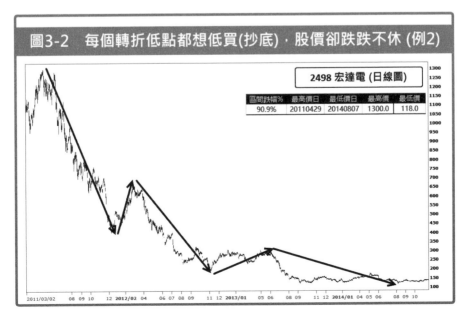

圖3-2　每個轉折低點都想低買(抄底)，股價卻跌跌不休 (例2)

2498 宏達電 (日線圖)

區間跌幅%	最高價日	最低價日	最高價	最低價
90.9%	20110429	20140807	1300.0	118.0

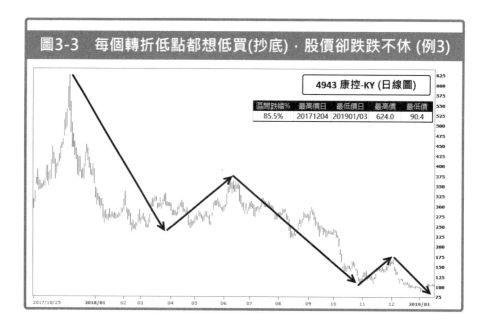

圖3-3　每個轉折低點都想低買(抄底)，股價卻跌跌不休 (例3)

4943 康控-KY (日線圖)

區間跌幅%	最高價日	最低價日	最高價	最低價
85.5%	20171204	201901/03	624.0	90.4

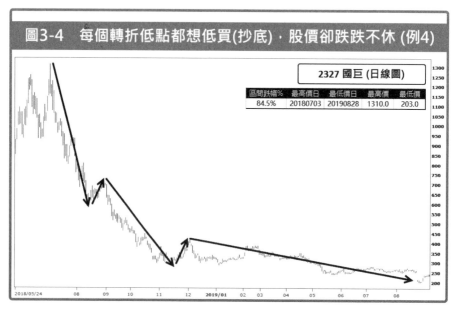

圖3-4　每個轉折低點都想低買(抄底)，股價卻跌跌不休 (例4)

2327 國巨 (日線圖)

區間跌幅%	最高價日	最低價日	最高價	最低價
84.5%	20180703	20190828	1310.0	203.0

　　於是我們因這樣的指導原則而大賠了。（圖3-1～圖3-4）

　　那如果它不是下跌，而是買完之後上漲呢？因為我們的指導原則是「高賣」，所以51元是高、52元是高、52.5也是高，於是你就很容易「有賺就好、賺了就跑」，因為只要高於自己的成本，都是高點，都可以賣。

　　這樣一來一回之後，你會發現自己的績效總是「賠多賺少」，跟剛剛順勢交易者的「賺多賠少」剛好相反，而這一切，都是因為自己沒有「清楚定義」。

　　要風險管理，就必須定義風險，使自己只會小賠；想要大賺，更必須定義怎麼賣，才能使獲利最大化。

> 每天交易結束最重要的一件事，就是「你的風控做到了多少」。

3-4　風控3個點之1：原始停損點

　　具體來說，「先有停損點、才有進場點」的「停損點」，指的是「原始停損點」。操作股票，我們最該先看的，是原始停損點，這或許違背了許多人平常交易的直覺。但因為有了原始停損點，我們才能明確的定義與計算：

- 原始停損點與進場點的距離＝「風險」（買在停損點之上）
- 原始停損點決定了進場頻率（先有停損點，才有進場點；沒有停損點，就不會進場。進場與否取決於停損點是否存在）。
- 也決定了勝敗率（碰觸停損點出場是敗，碰觸移動停損點出場是勝）。

　　我們都無法否認，買進股票之後，市場的不確定性將導致任何狀況都會發生，機率上可能賺錢，但也存有虧損風險。不管自己對這檔股票走勢把握度有多高，我們永遠都要設想到「不如己意」時，自己會怎麼做？最壞狀況我可以怎樣承受？「原始停損點」的存在與明確定義就是周全了這件事。

　　有設定「原始停損點」，才知道進場之後，跌到哪裡要賠錢賣出，唯有總是把原始停損點這張風控網鋪墊在下方，我們才能讓自己總是控制於小賠而不大賠。

　　「先有停損點、才有進場點」，它明確指導我們的操作是「買在停損點上方」。前面提到，所謂「風險」，就是進場點跟停損點之間的距離，買股票的時候，一定要在進場前，已經清楚明白兩點的價格位置與價差距離，這才能定義出風險；知道風險在哪，才能做好風控。

　　舉例來說，假設原始停損點是50元，你買在53元，這3塊錢就是你每買一張的風險（台幣3,000元）。或許，你可能因為不能盯盤，錯過了買在53元的機會，只能趕快追買在58元。

　　儘管這個價格感覺有點買高了，但在買進的當下，你心中清楚計算過風險是每張股票8塊錢（台幣8,000元），是可以接受的，那這還是一筆及格的交易，因為你有做風控。（具備風控的交易是及格的交易，但也只是勉強及格的交易而已。後面章節我們會繼續讓及格的交易蛻變成更優異的交易。）

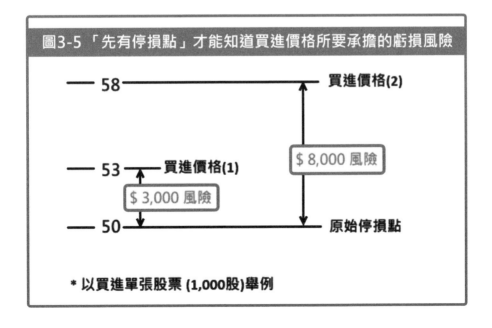

圖3-5 「先有停損點」才能知道買進價格所要承擔的虧損風險

　　四書中的《大學》提到「知止而後有定」，其中的「知止」是一個標準，意指唯有當我們明白「止與不止」的標準之後，心才能安定、並且堅定人生追求的方向。雖然這句話是儒家關於「安身立命」的經典論述，但也可引用到日常生活中做為借鏡。

● 知道停損的「底」在哪，風險就能被控制

　　舉例來說，在一個炎熱夏天的中午12點，你騎著機車，來到一個紅燈前，等了好一會兒，熱到全身汗水直流，才發現這是個沒有顯示秒數的紅綠燈，你此時心中更加煩躁：「到底還要等多久？」你不斷自問。

　　但燈號就是遲遲不肯改變，你繼續再等，5秒、10秒，你的心中好不平靜，終於等到綠燈那刻，你不加思索催下油門，只想快點提高車速，讓風吹走一身的燥熱。

　　如果今天我把這例子只做一個小更改：「這是一個有倒數計時的紅綠燈號誌」，那即便今天你是從99秒開始等待，你的心也不會飄浮不定，頂多覺得「哇，這個紅綠燈得等真久……」。

　　儘管如此，但這次的等待我們心中已經有底，知道自己還要再等幾秒，於是會少了剛剛的不確定感與煩躁，這時心就是穩定的。

　　差別就只是一個「倒數計時」，前後心境大不相同。

　　《正念療癒力》說：「飄浮不定的心，是不快樂的心。」而一顆心是否會飄浮不定，關鍵就在於「知不知止、有沒有底」。

　　若將「知止」的概念套用到交易裡，「原始停損點」就是交易的那個「底」。因為有底，心會定，因為有底，風險被控制住，這才能讓我們的交易心境是沉著穩健，不會老是被「擔心」、「恐懼」的情緒攪擾而胡亂買賣。

　　讀到這裡，不妨回想一下你自己以前的投資經驗，可能是因為電視財經名嘴的推薦，又或者聽信手機通訊軟體的群組報牌，你會發現，不管當時是為了什麼原因而買，心情都是浮動、不踏實的。因為，這些道聽塗說的買進訊息，都沒有「原始停損點」。

　　有了風控3個點，交易結果就有了計算賺賠與勝負紀錄的依據。在「原始停損點」停損出場算為一敗，在「移動停損點」獲利出場視為一勝。（圖3-6）

　　一致性的執行策略（不管是模擬模回測或是實盤交易），在累計足夠多的交易次數之後，就可以計算出交易策略的期望值。（圖3-7）

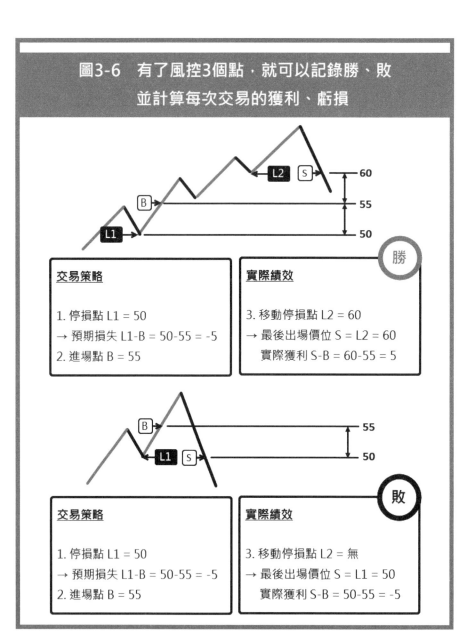

圖3-6 有了風控3個點，就可以記錄勝、敗
並計算每次交易的獲利、虧損

交易策略

1. 停損點 L1 = 50
→ 預期損失 L1-B = 50-55 = -5
2. 進場點 B = 55

實際績效

3. 移動停損點 L2 = 60
→ 最後出場價位 S = L2 = 60
實際獲利 S-B = 60-55 = 5

勝

交易策略

1. 停損點 L1 = 50
→ 預期損失 L1-B = 50-55 = -5
2. 進場點 B = 55

實際績效

3. 移動停損點 L2 = 無
→ 最後出場價位 S = L1 = 50
實際獲利 S-B = 50-55 = -5

敗

圖3-7　一致性的執行策略，累積足夠多的交易次數，
　　　　可歸納出交易策略的期望值

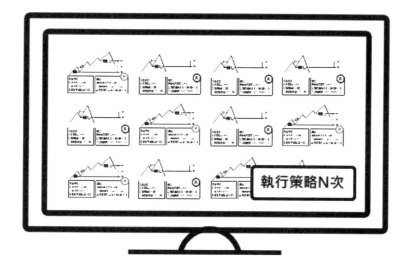

一致性執行策略N次，可計算出:

1. 勝率 (勝場數/N)、

2. 敗率 (敗場數/N)

3. 平均獲利 (總獲利/勝場數)

4. 平均損失 (總損失/敗場數)

5. 賺賠比 (平均獲利:平均損失)

4. 每單位風險的預期回報

　 (勝率 * 平均獲利 - 敗率*平均損失)

● 到底是勝率重要？還是賺賠比重要？

下表中，條列比較5種不同交易策略的統計結果。策略1勝率只有33％，賺賠比卻有3，雖然勝率不高，但賺多賠少；策略1最後計算出來每單位風險的預期回報可以達到32％，長時間來看，這個策略擁有相當不錯的績效。

統計結果顯示，縱使某策略的勝率高，如果沒有足夠高的賺賠比去對應，其實也算不上是好策略。

總括來說，勝率與賺賠比，孰高孰低其實都不能去定義一個策略的好壞；只有透過期望值才能表彰一個策略的績效，評價一個策略的好壞。

所以，「經過長時間操作，可以創造高期望值」才是我們設計一個交易策略時，最需在意與追求的目標。

表 3-1　不同的交易策略獲致不同的預期回報，預期回報是策略最該在乎的事

交易策略	勝率 A	敗率 B	平均獲利 C	平均損失 D	賺賠比 E＝C÷D	每單位風險的預期回報 F＝（A×C）－（B×D）	期望值 G
1	33%	67%	3	1	3÷1＝3	32%	正
2	50%	50%	3	1	3÷1＝3	100%	正
3	50%	50%	2	1	2÷1＝2	50%	正
4	33%	67%	2	1	2÷1＝2	-1%	負
5	67%	33%	0.5	1	0.5÷1＝0.5	-0.5%	負
備註	實際交易，尚須考量交易成本（含滑價、跳空等）						

● 「原始停損點」設在哪裡是關鍵

在《金融交易聖經》這本書裡說到：「整個交易系統的意義就在於進場點跟停損點之間的關係……但到了某種程度之後，這兩點之間的關係需要一點魔法介入，因為這個根本要素不是用邏輯推演就可以判斷的，而必須用一種創造行為。你必須詳加考慮後再決定你的方法論，因為這是整個系統的心臟。」

可見，憑藉交易策略找出一個理想的「原始停損點」，正是交易者最重要的課題。

策略開發的那個「聖盃」，厲害之處不在於知道哪裡買就會賺，而是設計出一個「能賺多賠少的停損點」，它可以讓人不會大賠、也不至於太多小賠，還能在沒有被停損的那幾次機會裡，逮到趨勢，盡可能吃到豐厚波段利潤，讓獲利最大化。

舉例來說，假設有個名師跟你推銷以下這個策略「突破60MA（季線）買進，跌破60MA賣出」，並展現出大賺一筆的交易結果（如圖3-8），單次進出就獲利30％，股市小白可能就會覺得這很吸引人，但實際上我們該存疑的是：

- 這個交易策略是否可以複製？（進、出場點夠精確）
- 是否可以長時間重複執行？（沒有大賠風險，也不會小賠賠不完）
- 這個策略，在不同的盤勢中，是否有更多其他交易結果可以分享？

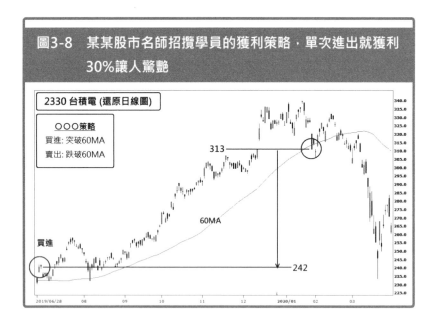

圖3-8　某某股市名師招攬學員的獲利策略，單次進出就獲利
　　　　30%讓人驚艷

換到另外一個行情（如下圖），一樣的買進賣出策略，卻變
成頻繁的進出交易，而且損益僅是勉強打平？

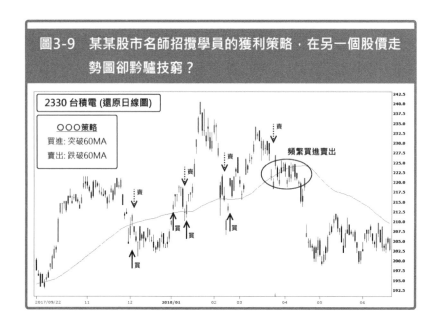

圖3-9　某某股市名師招攬學員的獲利策略，在另一個股價走
　　　　勢圖卻黔驢技窮？

「策略開發」並不是要去設計出一個「穩賺不賠、都不會被停損」的策略，因為這樣的策略對散戶而言，並不實際，也不存在。所以，理想的策略開發概念必須是：

1. 可以接受虧損，但只會小賠
2. 有高勝率最好，但不強求
3. 趨勢出現時，要能逮到趨勢，儘可能獲利最大化
4. 沒有趨勢時，要降低交易頻率，減少虧損或不虧損（沒有進場訊號）
5. 能賺多賠少，可獲致長期正報酬
6. 有足夠歷史數據支持，證明不只是「碰巧站在風口上，所以連豬都會飛。」

「原始停損點」能確保我們不會大賠，也決定了策略的「勝率」，但如果設計不好，雖然不會大賠，但會常常小賠，最終仍會導致「累積許多小賠變大賠」。換句話說：「整個交易策略的好壞，很大程度取決於停損點的設計。」

知道「原始停損點」的重要性後，我們再思考自己過往的學習，與許多老師的教學，常常大家都只在乎「怎麼買」，卻甚少討論到「怎麼賣」，且就算有討論賣在哪，我們仍須追究這**賣點（原始停損點）的設計是否可以產出長期正期望值。**

如果，前述對於交易策略的提問你都無法有答案、有定見，那我真心建議你不要投入任何資金去操作別人推荐給你的交易策略或交易機會。

● 絕對不能大賠

斯多噶哲學教我們要「預見壞事、負面想像」，這讓我們不論面對怎樣的人生困境，都因為已經預先防範，所以能保持冷靜，有效應對。

當我們把這種思考運用在人生跟交易，我們會問自己：

■ 哪裡可能會出錯？

■ 什麼障礙可能會突然出現？

■ 我可能在哪裡遇上困難？

在我們順風順水的時候，就預先準備好自己處理逆境的能力，那當事情真的發生，我們不只不會慌了手腳，還可以正確地去應付，避免被擊垮。

在交易市場裡，我們的負面想像就是「虧損」。雖然我們都想獲利，但從未忘記「風險就在身邊」。因此，何時會虧損賠錢我們不可控，但如何將限制虧損於小賠，卻是我們可控的。

不可控的操煩也沒用，把心思放在自己的可控，把每一筆交易的風控都做足，事先預見虧損並知道如何因應，是投資人必修的一堂課。

● 重複上演的輸家虧損形式

雖然現代科技日新月異，但金融市場贏家、輸家比例卻從未改變過，輸家虧損的形式更是重複上演，經過歸納，最後不外乎這兩類要我們去避免：

A. 一口氣大賠

- 可能是重押一檔股票，結果它從當初買進的幾千、幾百元，跌到剩下幾十元或個位數，甚至下市，在單一筆交易上直接重摔落地；

- 又或者，本來股票都抱得好好的，結果哪天大盤行情突然反轉，所有股票也都殺紅了眼，每天跌停或跌不停，短時間內措手不及，來不及賣或是太晚賣，最後招致大賠。

B. 累積很多小賠變大賠

- 這類的大賠比較像是溫水煮青蛙，在這過程中沒什麼太大激情，就是這裡賠一下、那裡賠一點，日積月累……最後累積下來的不是獲利，是虧損，積少成多之後，還是變成大賠。

想避免「一口氣大賠」就要讓「原始停損點」發揮功用。

買進之前，先有停損點，才有進場點，買在停損點之上，隨後股價下跌破了原始停損點時，果決出場，這樣能避免一口氣大賠。

但緊接著下一個問題是：「我都有設停損點，也都沒有大賠啊！為什麼還是賺不到錢？」

這是因為，你累積許多小賠變成大賠。

沒設「原始停損點」的投資人，存有一口氣就大賠的可能。而有設「原始停損點」的投資人，雖然不會面對一口氣大賠，但若停損點設定的不好，很容易屢屢被跌破停損，這是大家常說的「被洗」、「被巴來巴去」，於是累積許多小賠，最後還是造成大賠。

常見的「小賠」有這2種：

1. 固定虧損金額停損：只要賠多少錢我就出場。

2. 固定下跌幅度停損：只要股價跌多少％我就出場。

採用上述兩種方式設定「原始停損點」的投資人並不會大賠，但很容易被洗卻是無法避免，這讓人覺得無奈，因為這樣的停損思維都只是從「自己」出發，而不是從「市場」出發。

假設本金是50萬，並且設定只要賠了3千、5千或1萬就停損出場，這時的停損原則是依據交易者自己設定的虧損金額，跟市場一點關係都沒有。

又或者交易者在某價位買進後，只要見到股價下跌 >5％、或 >10％，就決定停損出場，那這個跌幅也還是依據交易者自己的的買進價格去推算，同樣的，還是跟市場一點關係都沒有。

但今天我們決定要在哪裡出場，是因為在技術分析上，「那個位置」轉弱了，可能是跌破紅K低點、可能是跌破頸線、可能是指標死亡交叉，也可能是籌碼分析的主力成本價格被跌破等等。

總之，停損的設計要跟「市場」有關係，而不是由交易者自己一廂情願想設哪就設哪。

更多時候投資人其實是沒有「紀律」的，他們常常讓設定停損是一回事，執行停損又是另外一回事，甚至再加上一個「損失規避」心理：

1. 獲利時，規避風險，不想承擔任何股價下跌的可能，不想承擔有賺變沒賺的風險，因此早早賣掉、獲利落袋。

2.虧損時，擁抱風險，認為沒賣就不算賠，底部快到了，再等等就要反彈，因此承擔了股價繼續下跌的風險，只為換得可能的上漲。

股價有其趨勢與慣性，會漲的股票很可能繼續漲，會跌的股票很可能繼續跌；抱不住上漲中的股票，錯過大賺的機會（患得）；捨不得下跌中的股票，接受大賠的可能（患失）。

想讓自己不大賠，必須要有原始停損點；想讓自己不要累積小賠變大賠，那原始停損點的設計就必須「有意義」。執行面就是順勢操作而不是損失規避（逆勢而為），「照顧好虧損的股票（適時賣出），獲利的股票自己會照顧自己（不要急著賣）。」

《金融交易聖經》一書告訴我們「停損的設定有問題，整個系統都有問題」，可見「原始停損點」是我們最該先在乎的事。再次提醒，想買進股票之前，一定要提醒自己，「先有停損點，才有進場點」。

● 停損是交易必要的成本

假設我準備開設一家咖啡廳，在開張之前，必須先砸錢裝潢、買設備、原物料、學技術……估計上百萬跑不掉，甚至正式營業後店裡每天準備的點心，沒賣完的也都必須認列是損失，對於這些支出、損失，我不會認為自己「已經賠錢」，而會把它當作是做生意必須投入的成本。

若把交易也比喻成經營生意，其實也是相同的的概念，那交易中因為執行停損而產生的「小賠」，就是未來取得大賺的必要成本。

　　有句話說：「如果你是一位強打者，每次的三振都使你更靠近全壘打。」我認為這句話，用來譬喻、闡述停損的必要性也十分的貼切。

　　這句話有個前提「你是強打者」，具備0.300甚至逼近0.400的超高打擊率，否則若只是不斷的揮棒與三振，並不能期待你能敲擊出全壘打，反而只是徒然創造更多難堪的三振紀錄而已。

　　交易也是一樣道理，策略要有風控、有「正期望值」，這時候的「停損」才有意義，否則不斷交易與被停損，卻做不到一次可以大幅獲利的交易，相反的的只會換來更多的停損累積成大賠。

　　但如果我們的策略是經過驗證、確認是具有正期望值的，則買進股票後，策略會透過停損告訴我們「這檔不是飆股」，這些停損（小賠）就該被視為成本，是為了之後選到「真正大賺的飆股」的必要成本。

　　強打者因為有高超的打擊率，所以他的每一次三振才有意義，讓打者能更靠近全壘打；好策略因為有正期望值，所以它的每一次停損才有意義，讓策略即將在不遠的未來逮到飆股！

● 把停損變成你不會抗拒、且自然就做得到的習慣

　　希望你看完這本書之後，能徹頭徹尾改變交易觀念，打從心底養成賺多賠少的贏家心態，to be a winner，才能在遇到虧損時，坦然承擔小賠，並在大賺時從容優雅，不會慌張急著賣掉股票。

　　兩件事我們現在開始做到：

1. 讓小賠就是小賠，不會變成大賠。
2. 小賺若能發展成中賺，甚至大賺，自己必須抱得住，這才有大賺的機會。

　　《原子習慣》書中提到「一件事，錯過一次是意外，錯過兩次就是（新）習慣的養成」，如果一個人下定決心要規律地上健身房運動，但今天藉故不去，明天又不小心錯過時間，一次兩次之後，不去反而變成常態，這時反倒就養成「不去健身房」的新習慣。

　　如果壞習慣可以這樣養成，那好習慣也可以。這次做到果斷執行停損，下次執行停損還是可以不加思索，那之後每次你就都可以做到堅守停損出場原則。**抱住飆股也同樣是一種習慣，當你能抱到、抱住一次飆股、兩次飆股，那下次又持有飆股時，你會「習慣」，習慣於「大賺」的感覺。**

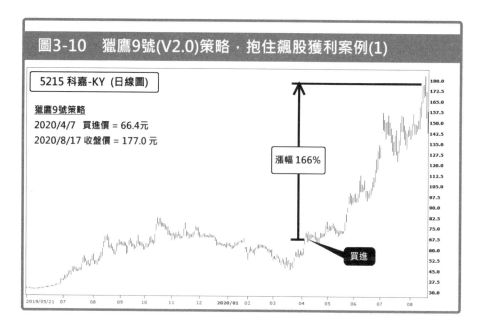

圖3-10　獵鷹9號(V2.0)策略，抱住飆股獲利案例(1)

5215 科嘉-KY (日線圖)

獵鷹9號策略
2020/4/7　買進價 = 66.4元
2020/8/17 收盤價 = 177.0 元

漲幅 166%

買進

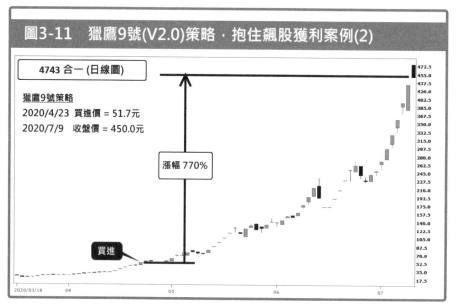

圖3-11　獵鷹9號(V2.0)策略，抱住飆股獲利案例(2)

4743 合一 (日線圖)

獵鷹9號策略
2020/4/23 買進價 = 51.7元
2020/7/9　收盤價 = 450.0元

漲幅 770%

買進

3-5 風控3個點之2：「進場點」攸關 這筆交易要承擔的風險

　　「原始停損點」能避免大賠收場、可以限制小賠的頻率，也決定策略是否有正期望值，而「進場點」決定的是「資金控管」，決定了你要投入多少資本（買進幾張）。

　　前面提到所謂的「風險」，就是「進場點跟停損點之間的距離」，有了這兩點，我們就知道「股票漲跌的風險」。假設買點是50元，原始停損點是45元，那每買一張的風險就是5元（新台幣5,000元），承擔股票的漲跌幅是（50-45）/50＝10％。

　　到目前為止，我們討論的都是「風險控管」，控管了股價跌多少我要賣，以限制單張股票對本金所造成的虧損。

　　當「股價大跌」，要如何讓自己的本金不會大賠，就是我們接下來要討論的「資金控管」。如果買進股票後，股價從50元跌到剩10元，瞬間蒸發了80％；但是，當初我的策略只允許從100萬的本金中支出5萬元買進1張股票，那就算股價跌了80％，我的持股金額就只是從5萬跌到剩1萬，帳上未實現虧損是4萬元，只佔了我100萬本金的4％，這樣的金額占比完全說不上大賠。

　　從這裡我們知道，「股票漲跌的風險控管」跟「買多少張股票的資金控管」是兩件事，我們除了要控管風險，更要控管資金。

　　延續上面的舉例，如果股價是從50元大漲到100元，漲幅達到100％！但自己的持股金額卻只是從5萬變成10萬，帳上未實現獲利是5萬元，只占100萬本金的5％，也就是說你好不容易逮到一檔大漲了100％的飆股，但是對整體本金的挹注卻只是增加一點零頭而已。

　　要少賠、要多賺，這一切都是資金控管的課題。為了避免「買太多不行、買太少不對」的兩難抉擇，我們就需要學習正確的「資金控管方法」。

● 每筆交易只能賠本金的1％

　　我給所有投資人的建議是「每筆交易只能賠本金的1％，最多2％，這是我們可以承擔的資金虧損風險」。這意思是，當我們要進行一筆交易時，如果本金有100萬，那麼每筆交易可以承擔的虧損金額就是1萬。

　　為什麼這麼保守，進場時只承擔本金的1％，頂多2％風險？首先，多數交易策略的平均勝率大概只有50％，這代表1,000次交易機會裡，會有500次是虧損的，更代表1,000次交易機會裡，有可能會遭遇「連續10次虧損」。

　　如果我們每次交易都讓自己承擔本金5％的風險，那若遇到了連續虧損的時候，一下子本金就會賠掉了50％。

　　如果本來有100萬，賠掉50％就剩下50萬，這時想要用50萬賺回到原本本金水位，就需要獲利100％，這難度非常高，且只是回

本而已，還說不上獲利。若起始本金風險承擔更大，假設10％，那若真遇到連續虧損10次時，本金就全部賠光了。

　　這時，即便策略再優異，你都躲不過這註定會發生的10次連續虧損。資金控管的目的，就是在防範最壞的可能發生，而面對充滿不確定性的金融市場，誰都無法保證黑天鵝不會發生在自己的交易生涯中。

　　舉例來說，假設買進一檔個股，原始停損點設在47元，買進價格為50元，而每買一張的虧損金額風險是3,000元，那按照剛剛設計可承擔的本金虧損金額只允許賠1％，也就是1萬，那這時10,000/3,000＝3，所以我們能買3張。能買3張就是要買3張，過多、過少都不正確。這時股價是5萬台幣，買3張就需要投入15萬台幣，那我們就很自然地動用了本金的15％來完成這筆交易。

　　資金控管方法可以很「數學」，包括大家或許也聽過的「凱利公式」等方法，坊間也有人主張「平均分配本金」到每一檔股票，譬如每一筆交易就是把100萬平均分配，如果要買5檔，每一檔就是花20萬買。

　　其實每種方法都有其優缺點，找到適合自己的資控策略最重要，但最忌諱的就是沒有資金管理與風險控制；而我個人多年來一直就都是在用這種簡單卻又實用的資控方式。

表 3-2 Ego 所使用的資金控制方式

買進 價格 A （每股）	一張股票 可能虧損B	可購買張數 C＝10,000÷B	總投入資金 D＝A×C	總虧損風險 E＝B×C	總資金虧損比 F＝（E÷100萬） ×100%
50.2	200元	49張 （用融資買進） 49＝250萬÷A	245.98萬	10,000元	1%
51元	1,000元	10張	51萬	10,000元	1%
55元	5,000元	2張	11萬	10,000元	1%
58元	8,000元	1張	5.8萬	8,000元	0.8%

* 假設本金100萬

* 每筆交易可承擔的虧損風險上限是 10,000元

* 假設這支股票買進時的原始停損點為50元

* 上述舉例暫不考慮交易成本（手續費、證交稅）

* 融資舉例暫不考慮利息費用

　　我常跟學員說，我自己的交易「都用融資」；很多人聽到「融資」覺得很恐怖，直覺想到的是「會斷頭」。其實這樣的念頭，就真的只是任憑情緒在勒索自己，但沒「實事求是」。

從上面表3-2例子我們看到，當「進場點跟停損點的距離」是200元台幣的時候，買1張賠200、買10張賠2,000，那我拿100萬本金去融資（乘以2.5倍）得到250萬的融資，然後買了49張，這時候我的風險是49張×200元台幣＝9,800元台幣，我想，這樣應該不算很危險吧。（但這有前提，這檔股票流通性必須夠，倘若它一天只有100張成交量，自己卻佔了49張，那肯定會出大問題！）

　　所以前面我們也提到，買飆股、用融資，「看起來」好像很危險？若把它想像成是從20樓跳下來，當然很危險，但如果風控網就鋪在19.5樓，那我們僅有0.5層樓的風險，會比從2樓跳下來還安全。

　　坊間常聽人說「追高風險高」，但從上圖你可以發現，追高的風險並沒有比較高，因為在先有停損點、才有進場點以及充分資金控管的狀態下，停損價格固定在那邊，之後即便追高價買進，你並不會持有太多的張數。譬如原始停損點仍是50元，當你買在58元的時候（受到資金控管限制只能買1張），實際承擔的虧損風險還比買在55元要低。當然，如果股價真的漲上去了，買進2張賺取的報酬自然也較多。

　　看到這邊，你可能會問：「那我就盡可能買在原始停損點附近，比如說買在50.2元，承擔一樣的虧損風險，我用融資買進，最多可買到49張，如果股價漲上去了，那49張持股就真是噱翻了！」

　　世上真有這麼好的事？我只能說「理想總是豐滿、現實總是骨感」，買在停損點附近是一個很正確的觀念，但我們也別忘了，當買點越靠近停損點，也代表越容易被停損，因為當買在50.2，停損守50的時候，股價只要往下稍微跌個3檔，按照策略就會在跌破50元的時候瞬間停損出場，馬上就認賠1萬元。

　　越靠近停損點買進，張數固然可以買越多，缺點是容易被停損；距離停損點越遠，被停損掃出場的機率可能相對低，但缺點是張數不多。

　　所以，「交易是一門藝術」，而不是科學，交易者需要事先看到、比較不同交易決策的利弊得失，並且在交易的過程與結束，都願意去承擔順服。

　　市場並不存在只賺不賠的完美決策，但一個好的決策應該是進退有據，使人放心的。我們進入市場的目的不是要讓自己成天提心吊膽，我們要的是長期正報酬，而且透過交易的操練讓自己各方面都能變得更好。

● 總資金虧損底線為30%

　　為什麼是我建議的「總資金虧損底線」是30％？解讀表3-3A，當虧損20％，你得依靠剩餘80％的本金去創造25％的獲利才能回本；當虧損50％，你得依靠剩餘50％的本金去創造100％的獲利才能回本。

　　相信大家也同意要去達到年報酬43％的獲利，是有點難度的，所以若我們讓自己的本金虧損30％，就需要去賺到43％才能「回本」，這時只是回本，還沒獲利，所以若已經知道賺43％不容易，那一開始我們就定調「絕不讓自己賠掉30％本金」。

　　換句話說，若我們讓虧損比例來到本金的40％、50％，那別說要淨盈利了，可能連賺回來都是一種妄想與奢求，所以我主張投資人的本金虧損要限制在30％以內。

　　底線是本金虧損30％，其實不代表真的要讓自己賠到30％。通常投資人都是這樣，會賠掉15％，往往很容易賠掉20％，會賠20％，很容易再往賠25％靠過去，然後賠30％也幾乎成為必然。

　　所以我給大家的建議是，當累計虧損達到總資金的20％，要準備調整；累計虧損達到總資金的25％就要開始停看聽，停下來思考、冷靜一下；再怎麼有自信，我們都務必堅持底線是30％，但如果在虧損過程中還是心有不甘，很想再凹、再賭看看…？

　　倘若你是願意對自己負責的、倘若你真想對自己證明些什麼？那請先證明自己「守紀律、守風控」吧！當虧損快要達到30％時，果決地把資金跟情緒都從市場裡抽離出來，藉此證明自己是個平靜理性，依法操作的人，而不是情緒衝動、不受控制的人。

表 3-3A　在交易的世界，賠錢甚難賺回

在投資市場，賠錢以後要賺回來的困難程度				結論： 如果你賠錢，甚難賺回來
本金 （元）	若虧損 （％）	剩餘本金 （元）	賺回原本本金 所需獲利比例	
100	-10%	90	11%	賠10％要賺11％才回本
100	-20%	80	25%	賠20％要賺25％才回本
100	-30%	70	43%	賠30％要賺43％才回本
100	-50%	50	100%	賠50％要賺100％才回本
100	-70%	30	233%	賠70％要賺233％才回本
100	-90%	10	900%	賠90％要賺900％才回本

表 3-3B　在交易的世界，賺錢甚易賠回

在投資市場，賺錢以後要賠回去的容易程度				結論： 如果你賺錢，甚易賠回去
本金 （元）	若賺了 （％）	剩餘本金 （元）	賠回原本本金 所需虧損比例	
100	10%	110	-9%	賺10％只要賠9％就打回原形
100	20%	120	-17%	賺20％只要賠17％就打回原形
100	50%	150	-33%	賺50％只要賠33％就打回原形
100	100%	200	-50%	賺100％只要賠50％就打回原形
100	200%	300	-67%	賺200％只要賠67％就打回原形
100	400%	500	-80%	賺400％只要賠80％就打回原形

● 策略的藝術，就是進場點與停損點之間的關係

《醫學的真相》這本書提到：「醫學院學生根據完備的資訊，做出完美的決定很容易；而醫院的醫生卻被要求用不完備的資訊做出完美的決定。」

平常我們在書上看到的、教室裡教的，是確定的、固定的、完備的、具體的；但現實是不確定的、易變的、不完備跟抽象的。一個好醫生跟一位好的交易員都有相同特色，都必須在資訊不確定、不精準跟不全面的條件下，進行治療跟交易。所以引用現代醫學之父奧斯勒先生說的：「醫學其實是一門不確定性的科學和可能的藝術。」，交易也是如此。

整個交易策略的藝術，就建立在進場點與停損點之間。

在書上、在歷史K線圖上，我們都能夠精準地說出哪裡買、哪裡賣會大賺，但實務上充滿不確定性。距離停損點越近，可以買到更多單位，但勝率可能較低，極容易被行情震盪掃出去；距離停損點較遠，只能買進較少單位，但勝率可能較高，耐得住市場震盪進而抱到大波段，在取得兩者平衡的過程中，我們更需要的是「取捨」。

由於我的策略買點距離停損點略遠（平均約7％），雖然較不易被震盪回檔停損掉，但因為「風險」大，所以能買的張數較少，獲利時張數自然較少，這是一個缺點。

　　但也因著交易頻率不高，勝率也不算太差，所以若只做策略「獵鷹9號」，其實我們可以積極一點，使用本金的1.5％甚至2％當資控風險。

3-6　風控3個點之3：「移動停損點」決定你可以賺多少

　　移動停損是什麼？我們又該如何設計？

　　市場上，每個人移動停損點的設計都不盡相同。有的人以價格跌破特定天數的移動平均線，做為出場的訊號；有的人利用KD死亡交叉、或MACD走到0軸之下，藉由留意震盪指標的變化做為出場的決策依據；還有人則是以價格跌破頸線、上升趨勢線的型態觀察，規劃出場時機。

　　但是，前述的任何一個移動停損設計，其實都沒有辦法預先知道要賣在哪，達到所謂最完美的出場「賣在最高點」。

　　移動停損的設計真正要實現的目標，是在去掉波段利潤的「魚頭、魚尾」之後，能夠吃到上漲走勢中最肥美的「魚身」。

　　總結來說，**「移動停損點」決定的是「這張股票你要賺多少」，以及如何從操作面做到「獲利最大化」。**

● **用移動停損點實現賺多的可能**

　　常言道：「會買的是徒弟，會賣的才是師傅。」移動停損點就是那個師傅，幫我們解決「獲利怎麼賣」的深奧學問。

　　用幾個日常交易來幫助我們思考：

1. 假設買進一檔股票在55元，原始停損點設在50元，沒幾天股價就往下跌破了50元，我們停損出在49.9，小賠出場。

2. 假設買進一檔股票在55元，原始停損點設在50元，頭幾天股價緩緩下跌，來到52、51元附近，但沒有跌破50元，我們依法續抱，沒有賣掉，也沒得獲利。

3. 接續第2點的狀況，股價往上漲了，突破了我們的成本來到57、58，甚至出現連續大漲，三天內漲了10幾％，來到66元⋯⋯於是更大的挑戰在這裡：賣不賣？

若當下在66元這高點賣掉，我們可以馬上獲利落袋，省去了未來可能又跌回去的風險。但如果賣掉，我們卻可能錯過未來繼續上漲賺更多的機會。怎麼辦？

因為遺傳演化所致，人天生喜歡「確定感」，厭惡「不確定」，所以遇到上面這問題，若我們本能地問自己：「賣不賣？」答案八成是：「先入袋為安吧！」但這對一位順勢交易者來說，賣或不賣的決定，永遠是讓市場來告訴他答案。

巴菲特曾說過這兩句話：

- ■ 「好機會不常來。天上掉餡餅時，請用水桶去接，而不是用針去頂。」
- ■ 「堅持手中的好牌，減少手中的壞牌，假如不堅持手中的好牌，又如何彌補壞牌造成的損失？」

我們都知道包括巴菲特等人在內的贏家，不是贏在「只賺不賠」，而是贏在「賺多賠少」。

關於「賠少」，我們已經學到透過「原始停損點」來控制股

票漲跌風險，透過「進場點跟停損點之間的距離」，來控制本金買進張數與虧損總金額。

而「賺多」可以分成兩種：

1. 一筆交易獲利很多，譬如大漲80%。

2. 累積很多筆小幅獲利的交易，累積成大賺，譬如每筆獲利約10%。

這2種交易各有優缺點，而第2點對大部份上班族來說更是很難達成的。一方面是因為當「賺賠比」沒能大幅拉開，只靠著小賺小賠的情況下，那需要有更高的勝率及較高的交易頻率才能有更好的績效；另一方面，較高的交易頻率就會需要時常盯盤、不漏接這些短線進出的機會，將會大大影響正職工作。

所以，本書Part 4我要為你介紹的「獵鷹9號策略」就是採取第1種路線：謹慎出手，但只要進場了，就盡可能做到獲利最大化。

● 移動停損也需要紀律

前面我們提到「知止而後有定」，換句話說當我們處於獲利狀態，卻不知哪裡賣出才是正確決定，那也是一種不知止，不知止心就無法定，心不定，交易就容易亂了套，這時情緒本能就會跳出來攪擾，讓我們做出錯誤決定。

怎麼辦？

最佳解方就是「紀律」，用嚴守紀律，斷絕一切攪擾。

「紀律」一詞，字面上的解釋就是「人應遵守的行為規範」，這其中的規範就正是「交易策略」

「知道跌破**原始停損**，就要認賠出場啊！卻賣不下手？」、「還沒跌破**移動停損**，就不該提早出場啊！卻抱不住？」「紀律」二字卻往往是投資人最矛盾、也最頭痛的地方，真的該賣掉的時候，卻賣不掉，而不該賣的時候，卻已經早早就出光了。怪不得我們常聽人說「要從散戶角度思考，然後反著做」，似乎還真有幾分道理。

所以，該如何做到「守紀律」？

關鍵就在於「篤信」。如果你對這個策略方法是篤信的，你就能知道做到，如果你心中沒到120％篤信，還是感到存疑，你「投機取巧」的心態隨時會冒出來：

■ 按照策略，跌破原始停損點20MA就該出場？你卻會想著「反正60MA就在下方不遠了，再等一下，或許這次洗的比較深，主力會帶著大家在60MA回彈」？

■ 按照策略，只要跌破頸線就是原始停損點的出場點，你卻會想著「財報快要公佈了，再等一下」？又或者乾脆再往下畫另一條頸線，然後告訴自己這條才是對的，其實它還沒跌破？

如果你一直把「停損」往下移動，那就是讓自己的資金虧損變大，而人的心理就是這樣，有一就有二，這次往下移動了停損，哪天若這條停損又被跌破的時候，你就會故技重施再下移一次，結果老天爺不再眷顧你的寬以待己，跌勢一去不再回頭。

　　錯過一次是意外,錯過兩次就是新習慣的開始。沒有紀律交易,總是放任自己再等看看,那在一次次的縱容之後,壞習慣就此養成,之後要回頭就會變得更困難。

● 移動停損規劃的重點:「獲利最大化」

　　以下圖範例來說(僅是舉例說明,實戰的策略不只是這樣規劃),當在55元買進時,原始停損點是50元,這時只要一買進,我們當下就要知道自己承擔了5元的虧損風險,這時必須跟自己內心達成一致,倘若風險到來、50元被跌破,自己要能夠從容接受並紀律出場。

　　如果不跌反漲,當股價漲到58元,我們就會將原始停損點「往上移動」到55元,如此一來就可以確保這筆交易是不賠的;接著當股價回跌到56元,由於沒有觸發55元移動停損點(1),那就續抱。

　　之後當股價攀升至65元,假設此策略會將移動停損點(1)移動到前高58元防守,則58元就成為新的移動停損點(2)。價格最終創波段新高78元後回落,跌破了創高前所設定的移動提損點(4)＝71元,並在71元的下方賣出,結束這筆交易。

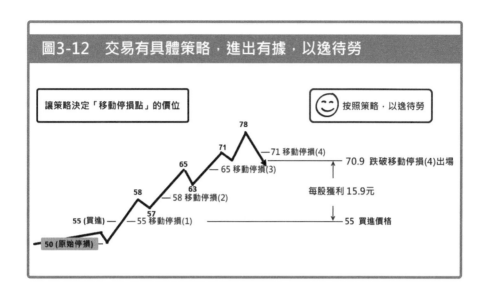

移動停損點的觀念就是如此簡單，它指導我們「何時移動停損」、「移動到哪個價位」，這時我們就不用花心思去抉擇賣還是不賣，因為太多投資人在交易過程，會有很多「雜念」，而雜念恰好是在交易過程最不需要的。

虧損也痛苦，賺錢更痛苦，眼看著股價上揚，不知道要獲利了結沒，盤勢不穩稍有回落，又擔心再不賣利潤會吐光；當「技術上」不知道哪裡賣，那就剩下「情緒」來主導，於是就會情緒本能地變成「有賺就好、賺了就跑」，如此一來投資人將永遠失去「大賺」的機會。

「移動停損」就是在解決賺多少的問題，它讓我們盡可能獲利最大化。

目前台灣許多券商的電腦下單軟體或手機APP，設有自動（智慧）下單功能，有了「移動停損點」的觀念，我們就可以事

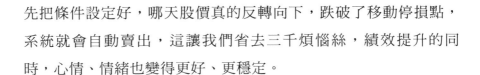

先把條件設定好，哪天股價真的反轉向下，跌破了移動停損點，系統就會自動賣出，這讓我們省去三千煩惱絲，績效提升的同時，心情、情緒也變得更好、更穩定。

● 「停利」不同於「移動停損」

「停利」，又稱「主動停利」，意思是你在買進當下，就已經決定好在哪裡賣出。我們繼續用前一個範例來說明，當你在55元買進這檔股票的同時，你不僅已經看好了原始停損點50元，同時你也早已經決定在股價達到65元賣出。

倘若65元是當時波段新高，且價格還真的沒有再漲上去，那這個賣點真的是神一般的操作，因為你精準賣在最高；但交易沒有完美，只有取捨，實際上，你選擇在這個價位停利賣掉，同時也代表「停止讓獲利奔跑」，接下來就沒有機會參與之後可能的上漲，但若以「移動停損」的方法來做，最後會賣出在觸發移動停損的70.9元。

在我交易的金融商品之中，例如現股當沖、台指期當沖，這些日內波段的短線交易，沒辦法在一天內就有幾十、幾百％的漲幅來大賺，這時我就會在策略設計上，把「主動停利機制」規劃進去；但如果是留倉（抱過夜的）、長線大波段的股票交易，我就會採用「移動停損」，目的就是希望逮到足夠大的波段行情，讓獲利最大化。

　　所以現在你知道了，「獲利最大化」的方法，就是用移動停損點來決定獲利出場的位置。我們只要將風險抓好，當趨勢對的時候，可以放手讓獲利奔跑，在依法操作的前提之下，沒有下跌觸發停損，就狠狠咬住手上的持股，堅持不賣！

● 不同的移動停損點有不同的優缺點

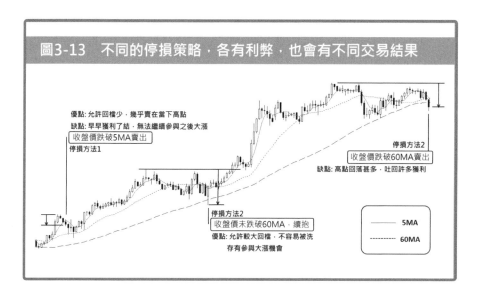

圖3-13　不同的停損策略，各有利弊，也會有不同交易結果

優點: 允許回檔少，幾乎賣在當下高點
缺點: 早早獲利了結，無法繼續參與之後大漲
收盤價跌破5MA賣出
停損方法1

停損方法2
收盤價跌破60MA賣出
缺點: 高點回落甚多，吐回許多獲利

停損方法2
收盤價未跌破60MA，續抱
優點: 允許較大回檔，不容易被洗
存有參與大漲機會

5MA
60MA

　　不同的移動停損策略，會獲致不同的結果。圖3-13以不同的移動停損策略（5MA、20MA、60MA）進行比較說明。5MA 是近5日收盤價的平均值連線，因為取樣數少，所以相當敏感；若以5MA進行防守，雖然可以賣在波段相對高點，但也容易錯過之後的大漲。60MA比較耐震，不容易被洗出場，存有參與大漲的機會，但若股價最終不再上漲，獲利回吐也比較多。

舉5MA與60MA這兩個跌破移動停損的例子，是要說明完美的停損方法並不存在，我們無法做到如此美好、面面俱到的結果「能參與大賺行情，又能賣在最高點」。

　　本書的獵鷹9號策略（V2.0）是調整優化過的策略，在策略開發的過程，我傾全力來平衡這兩種停損出場的優缺點，進而讓每一筆交易有機會賣在相對高，又有參與大漲（耐震）的可能。

　　從順勢波段交易者的立場，若想要達成獲利漲幅100％甚至更多，我認為用「移動停損點」來決定獲利（哪裡賣出），會讓交易更省心。

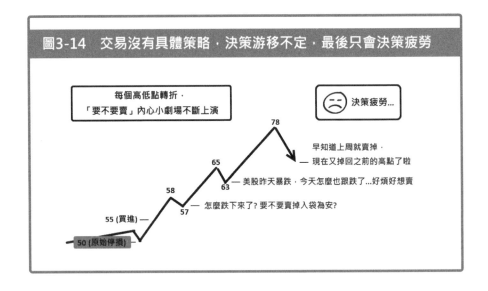

圖3-14　交易沒有具體策略，決策游移不定，最後只會決策疲勞

否則在每個價格的可能轉折處，你都有一堆念頭想法：該獲利續抱嗎？可是明天下跌怎麼辦？該獲利出場嗎？可是明天又漲怎麼辦？很快，你就會決策疲勞（Decision Fatigue），這時候你所做的決定，錯誤機率會大增，甚至你會進而乾脆逃避決定。

研究結果顯示，人的專注力如同一顆電池一樣，早上睡醒是滿格狀態，但隨著一天的過去，因為不斷使用腦力做決定，這顆電池的能量會逐漸下降，直到晚上就會消耗殆盡。

所以，我們必須減少生活與交易中不必要的決策，將專注力保留給重要的事情，決策品質也能得以提高。

這裡還要提醒一個很重要的心法觀念，哪怕我們窮盡了這輩子所有精力做出最好的決策，都還是無法知道明天股價會漲會跌，都還是無法百分百確定這筆交易會大賺還是小賠。

所以當面對市場的不可控，窮擔心也沒用，只是徒然浪費了寶貴的專注力；相反地，專注在自己的可控，專注於過程而非結果，那麼最有效率的交易就會是「專注於停損點，只問停損點跌破了沒」。

> 最好的資金控管，也無法將賠錢的策略，變成賺錢的策略；
> 不好的資金控管，卻可以把賺錢的策略，變成賠錢的策略。

交易系統要素 2：
交易策略

✓ 「交易策略」只需要很少的討論跟很多的紀
  律，並且保持一致性。

4-1　什麼是交易策略？

首先，我必須強調，「分析技巧」並不是「交易策略」。

市場上很多人都在學技術指標，像是KD、MACD、RSI，他們是技術分析派；而籌碼分析派的人，會學籌碼集中度、分點追蹤、大戶買多買少；另外，還有基本面分析派，會看營收成長、本益比、股東權益報酬率，甚至還會追蹤聯準會的消息、全球景氣燈號等等。

做個簡單的譬喻，上述這些不同門派的投資人，就像是來自不同餐館的廚師，他們料理的方向不同，所以採用的食材也就不一樣。

海鮮餐廳大廚，專長就是挑選好漁獲，這挑選好漁獲的能力，是他的分析技巧；牛排館的大廚，專長是挑選好牛肉，那他選好牛肉的能力，是他的分析技巧。

分析食材、準備好食材是好料理必要的成分，但沒有大廚的料理功夫，這些食材並無法真正體現它們的新鮮與甘甜。

好食材，還需要有大廚的廚藝，也就是整合食材的能力，才能變成一道好菜；好分析技巧，還需要交易者的策略開發，也就是整合分析技巧的能力，才能產出一個好的交易策略。

市場上，多數人都汲汲營營於學習分析技巧，並且只用分析

技巧就開始買賣交易，但他們沒意識到自己就只是懂得分析；就如同一位不夠格的廚師，還不懂得如何料理，若這時就貿貿然的去開餐廳？口碑不佳，最後關門倒閉就是可想而知的結果。

那到底什麼是「交易策略」？簡單來說，交易策略搞定3件事：

- **要買什麼？什麼價格買？**
- **賠錢哪裡出？**
- **獲利哪裡賣？**

有沒有發現，其實這3件事就是我們前面學到的「風控3個點」：

- 要買什麼？什麼價格買？ **→ 進場點**
- 賠錢哪裡出？ **→ 原始停損點**
- 獲利哪裡賣？ **→ 移動停損點**

有了這3個點，就能建立出一套「交易策略」，有策略就可以依法操作，紀律交易。但要特別提醒的是，擁有交易策略跟擁有「能賺錢的交易策略」之間，還是有很大的差距。

舉例來說，懂得辨識KD指標黃金交叉，是一種分析技巧；定義「KD黃金交叉」就買進（<u>**進場點**</u>），KD死亡交叉就賣出，那就完成一套策略的建構。

因為在這一買一賣的過程中，股價可能在KD黃金交叉買進之後，開始大漲一段，然後才反轉向下，這時的賣出，是獲利出

場，我們稱這是**移動停損點**。

　　但也可能KD黃金交叉剛買入，股價就隨即反轉向下造成KD死亡交叉，這時我們也會依照一開始的規定停損出場，這種賠錢的出場點就是**原始停損點**。

　　所以透過黃金交叉、死亡交叉確實可以一次把「進場點、原始停損點、移動停損點」都搞定，但就這麼簡單嗎？似乎還缺少些什麼？

　　沒錯，沒有風控三個點絕對不行，而要湊出風控三個點卻也不難。

　　但我們真正需要的是一套「具備正期望值的交易策略」，它不但是具備風控三個點，而且三個點組合出的交易結果要盡可能是「賺多賠少」。

表4-1　2019 至今，S9（含 S9+）策略已實現損益＋未實現損益

總交易次數		勝率	平均賺	平均賺R	敗率	平均賠	平均賠R
139		32.25%	57.44	5.73	68.35%	5.36	-1.03
獲利次數	總獲利%						
49	2814.72						
虧損次數	總虧損%		賺賠比	漲跌幅期望值	R值賺賠比	R期望值	
95	509.04		10.72	16.59	5.57	1.32	

圖4-1 2020年 S9與S9+ 的策略績效 (已實現+未實現損益)

Ego小教室：【策略的可證偽性與有機測試版】

　　做交易，我們要為自己負責，為策略、為績效負責。翻遍許多交易心理相關的書，都會為我們帶到「責任擔當」的概念，意思是倘若我們對自己的表現不滿，那也是要究責於自己，對自己問「我該如何讓自己（績效）變得更好」，然後在開始去（亂）做些什麼之前，先好好思考。

　　後來我讀到這段話，感觸更深，因為它真實描述散戶輸家的心理狀態：「許多人為了逃避必要的思考，願意做一切事。」

　　所以，關於交易績效，我們該如何「必要思考」？最簡單的，就是「讓績效說話」。這裡績效不只是今天賺、明天賠的績效，更在乎的「長期、所有的結果」。

　　自2018年底起，我把自己的每一檔策略選股結果都統計在Excel裡面，並在開始運營「Ego的成長交易室」訂閱專欄之後，把這份excel放上雲端，供自己與學員24小時隨時查看，目的是要做到實事求是、客觀驗證，這樣策略長期下來能賺多少、會賠哪些都一清二楚，不需要遮遮掩掩，更不必想一堆話術來美化自己。

　　後來，我讀到了哲學家波普爾的「對科學精神的關鍵思維」，更覺得統計策略的選股與績效實在必要：

1. 科學的可證偽性。
2. 科學的階段性正確。

波普爾說：「世界上只有兩類理論。一種是已被證偽的理論，也就是經過驗證，並以適當的方法予以駁斥，已知為錯誤的理論。另一種是現在還沒被證偽，但將來有可能被證明是錯誤的理論。」

譬如，在牛頓那個時代，人們認為世界具有確定性，而且可被數學公式所計算。有人稱牛頓時代的宇宙觀為「鐘錶宇宙」，意思是說世界是像鐘錶那樣精準運行的。

但到了近代，量子物理學發現原子和分子的不確定性。過去的「鐘錶觀念」變成了「雲觀念」，「不確定性大增與暫時性正確」是我們對這個世界的最新理解。透過科學的發展歷程，我們學到現有的知識，只是人類對世界的認識，但它永遠存在侷限，無法代表世界本身。

所以我們可以如何從交易的角度來理解這段話？

1. 策略現在能獲利，不代表未來也能，但在策略被證明失效以前，（暫時）視它為有效。

2. 策略的有效都是「暫時」的，這個「暫時的」可能只有一季，但也可能是好幾年甚至好幾十年，直到哪天它被證偽而結束。

3. 策略描述的只是我們對股票走勢的看法，不是走勢本身，我們的策略一定有侷限性，所以一定會有出錯停損的可能。

　　若以這標準來看，其實坊間許多老師教的東西無法證偽。因為他們的講座課程，幾乎只能聽到「老師願意說的那一面」，但我們沒有全面的數據統計，來證偽他的策略內容，無法證偽，等同於無法相信他的策略有效與否。

　　因此我主張，每位投資人都要有自己的excel表與交易日誌，都必須有辦法證偽自己的交易策略，否則隔了半年、一年之後，若你發現自己怎都沒賺到錢（甚至賠很多），這時想改進優化卻也無法，因為你沒有數據統計，就無法去驗證，那這些逝去的時間和虧損的金額，就降低了很多價值。

　　除了「可證偽」之外，我也主張「測試版」的概念，這是來自google的精神。當初Gmail在線上維持了5年之久的「測試版」，因為它們認為自己開發的是「體驗」，而不是固定的產品，而既然是體驗，就會有不斷優化的需求，求的是不斷成長，而不是完美呈現。

　　我在開發策略上，也秉持著與「有機玫瑰樹」相同的精神，這意思是我們開發出的策略，要像是種植在河邊的玫瑰樹，它是有機的，並且會因為我們規律灌溉而不斷成長的；而不是開發出一朵又一朵註定要被摘下的玫瑰花，初摘時嬌豔欲滴，但一段時間之後終究凋零枯萎。

附錄 A.　Ego 實時更新於訂閱專欄的策略績效 Excel 表

代號	名稱	策略	策略 S9+	停損價	3-5週期成立日	當日收盤價	最近一週參考停損日	最新停損價停損價	目前市價	未實現漲跌幅(%)	已實現漲跌幅(%)	R值(RISK)	risk ratio	歷時天數
3338	泰碩	S9	S9+	28.84	2018/12/24	32.77	2020/2/3	69.2			111.17%	11.99%	9.3	291
3483	力致	S9	S9+	23.58	2018/12/24	27.49	2019/4/25	40.5			47.33%	14.22%	3.3	89
3653	健策	S9	S9+	69.07	2018/12/11	78.6	2020/3/13	155			97.20%	12.12%	8.0	329
4942	嘉彰	S9	S9+	30.15	2018/11/28	35.63	2020/3/13	28.65			-19.59%	15.38%	-1.3	338
6278	台表科	S9	S9+	30.67	2018/11/1	35.63	2020/3/9	87.3			145.02%	13.92%	10.4	353
3551	世禾	S9	S9+	40.63	2019/4/8	48.16	2019/5/20	42			-12.79%	15.64%	-0.8	31
3047	訊舟	S9	S9+	11.45	2019/5/10	12.55	2019/5/17	11.4			-9.16%	8.76%	-1.0	6
6125	廣運	S9	S9+	12.61	2019/4/15	14.59			37.05	153.94%		13.57%	11.3	
1736	喬山	S9	S9+	46.91	2019/5/21	54.05	2020/2/3	66.1			22.29%	13.21%	1.7	185
3680	家登	S9	S9+	41.36	2019/7/11	48.63	2020/3/16	128.5			164.24%	14.95%	11.0	178
6251	定穎	S9	S9+	10.9	2019/8/20	12.9	2020/3/13	13.1			1.55%	15.50%	0.1	149
6233	旺玖	S9	S9+	14.3	2019/9/25	15.75	2019/10/15	14.05			-10.79%	9.21%	-1.2	15
4991	環宇	S9	S9+	68	2019/11/1	76.8	2019/11/11	67.2			-12.50%	11.46%	-1.1	7
6531	愛普	S9	S9+	65.5	2019/12/6	79.5	2020/3/13	98.1			23.40%	17.61%	1.3	71
3518	柏騰	S9	S9+	30.6	2019/12/25	35.9	2020/2/21	30.55			-14.90%	14.76%	-1.0	43
5309	系統電	S9	S9+	13.55	2019/12/30	16.25	2020/3/16	13.5			-16.92%	16.62%	-1.0	56
8996	高力	S9	S9+	52.3	2020/1/7	64.5	2020/3/12	59.55			-7.67%	18.91%	-0.4	48
4121	優盛	S9	S9+	13.85	2020/2/24	16.5	2020/3/12	16.05			-2.73%	16.06%	-0.2	14
6416	瑞祺電通	S9	S9+	109.5	2020/3/6	129.5	2020/3/19	109			-15.83%	15.44%	-1.0	10
4167	展旺	S9	S9+	24.5	2020/3/9	28.4	2020/3/13	22.4			-21.13%	13.73%	-1.5	5
4736	泰博	S9	S9+	143.6	2020/3/20	159	2020/8/20	211.5				9.69%	3.4	110
8046	南電		S9+	41.3	2020/3/26	47			111	136.17%		12.13%	11.2	
4119	旭富		S9+	92	2020/3/26	124			117.5	-5.24%		25.81%	-0.2	
5215	科嘉		S9+	56.3	2020/4/7	66.4			158	137.95%		15.21%	9.1	
5309	系統電		S9+	13	2020/4/8	15.3	2020/9/25	30.6			100.00%	15.03%	6.7	123
2363	矽統		S9+	8.86	2020/4/21	11.1			11.85	6.76%		20.18%	0.3	
1760	寶齡富錦		S9+	88.4	2020/4/22	96.2	2020/6/11	121.5			26.30%	8.11%	3.2	37
4743	合一		S9+	41.95	2020/4/23	51.7	2020/7/16	272			426.11%	18.86%	22.6	61
8403	盛弘		s9+	34.5	2020/4/27	41.35			36	-12.94%		16.57%	-0.8	
4956	光鋐		S9+	18.35	2020/5/5	22.85	2020/5/8	18.3			-19.91%	19.69%	-1.0	4
6261	久元		S9+	51	2020/5/7	58.7			53.1	-9.54%		13.12%	-0.7	
4128	中天		S9+	22.05	2020/5/14	24.25	2020/7/16	95			291.75%	9.07%	32.2	46
3556	禾瑞亞		S9+	65.7	2020/5/22	68.5	2020/5/28	65.2			-4.82%	4.09%	-1.2	5
3588	通嘉		S9+	34.95	2020/5/22	38.4	2020/6/3	34.95			-8.98%	8.98%	-1.0	6
2332	友訊		S9+	13.85	2020/6/5	15.05			18.25	21.26%		7.97%	2.7	
1783	和康生		S9+	31.95	2020/6/18	35	2020/6/19	31.5			-10.00%	8.71%	-1.1	2
6233	旺玖		S9+	14.3	2020/7/3	15.7	2020/7/8	14.05			-9.87%	8.92%	-1.1	12
8390	金益鼎		S9+	23.3	2020/7/6	25.6	2020/9/11	23.2			-9.38%	8.98%	-1.0	50
3234	光環		S9+	53.6	2020/7/6	58.9	2020/7/10	53.5			-9.17%	9.00%	-1.0	5
3176	基亞		S9+	95	2020/7/9	102.5	2020/7/13	94.9			-7.41%	7.32%	-1.0	3
6284	佳邦		S9+	34.7	2020/7/9	37	2020/7/15	34.6			-6.49%	6.22%	-1.0	5
6443	元晶		S9+	10.75	2020/7/14	11.6			39.65	241.81%		7.33%	33.0	
6237	驊訊		S9+	29.9	2020/7/22	32.4	2020/7/27	29.4			-9.26%	7.72%	-1.2	4
6456	GIS		S9+	128.5	2020/7/22	136.5	2020/8/19	126			-7.69%	5.86%	-1.3	21
6548	長科*		S9+	36.5	2020/8/7	38.8	2020/8/18	36.45			-6.06%	5.93%	-1.0	8
3704	合勤控		S9+	19.8	2020/8/19	20.9	2020/8/20	19.75			-5.50%	5.26%	-1.0	2
6237	驊訊		S9+	35.55	2020/8/26	39.1			41.55	6.27%		9.08%	0.7	
3704	合勤控		S9+	20	2020/8/27	21.9			23.55	7.53%		8.68%	0.9	
6244	茂迪		S9+	29.38	2020/8/28	31.21			39	24.96%		5.86%	4.3	
6449	鈺邦		S9+	49.3	2020/8/28	52.8	2020/9/23	49.25			-6.72%	6.63%	-1.0	19
6209	今國光		S9+	35.3	2020/9/2	37.6	2020/9/8	35.25			-6.25%	6.12%	-1.0	5
1304	台聚		S9+	16.15	2020/9/10	17.2	2020/9/14	16.1			-6.40%	6.10%	-1.0	3
6233	旺玖		S9+	17.45	2020/9/11	19.15			23.2	21.15%		8.88%	2.4	
6548	長科*		S9+	37.3	2020/9/17	40.8	2020/9/24	36.9			-9.56%	8.58%	-1.1	6
1304	台聚		S9+	16.25	2020/9/17	17.55	2020/9/24	16.2			-7.69%	7.41%	-1.0	6
2486	一詮		S9+	11.6	2020/9/18	12.9	2020/9/24	11.5			-10.85%	10.08%	-1.1	5
6449	鈺邦		S9+	51.5	2020/10/20	56.8			53.2	-6.34%		9.33%	-0.7	
6548	長科*		S9+	41.75	2020/10/22	45			48.15	7.00%		7.22%	1.0	

4-2　獵鷹9號策略（V1.0）

　　獵鷹9號策略（V1.0）來自大量觀察與發現。通常在每半年或一年結束時，我會把過去這段時間的飆股全部找出來，一檔檔查看他們到底長什麼樣子。因為我看不懂財報（也不打算學），所以我只專注在技術面跟少部分的籌碼面研究。

　　經年累月看下來，我發現飆股其實都有其規律：「漲多跌少」，而部分飆股在技術型態上甚至有「共同交集」。

　　如同統計學大師喬治·博克斯曾說的：「模型就是經驗的抽象集合。你平時聽到的諺語、公式、定理，本質上都是一種模型。」舉例來說，當發現幾個人加在一起討論，會比一個人聰明時，你就可以歸納出一個模型，例如「三個臭皮匠，勝過一個諸葛亮」；又或許，當牛頓發現不只是蘋果，而是任何物體，只要一鬆開手它就一定會往地面直落，最後所有的實驗結果都一致，收斂成一個稱之為「地心引力」的模型。

　　策略就如同模型，我們從經驗中找出規律，再把規律定義清楚，就成了選股策略。

　　部分市面上的選股軟體，都可以在日K線圖上呈現主力集中價，而部分飆股被我歸納出來的共同交集之一，就是「**當股價長期都在這條主力集中價格線之下，代表主力正在『套牢中』，而這樣的股票往往具備成為飆股的潛能**」。

此外，在我的觀察裡，這樣「套牢中」的時期若持續2年以上，代表主力被套了很久，哪天他們真想大賺一波的時候，漲幅價差也特別大。

掌握了主力長期被套牢之後，接下來就是等待某一日突然出現漲幅 ≧5% 的紅K棒，從主力集中價之下，往上突破，這根K棒我稱之為「重重K」，意思是指「比重要還重要」的K棒，它肩負著承先啟後、繼往開來的重責大任。

我們對這根重重K的期待，是希望在它出現之後，這支沉寂許久的股票，可以麻雀變鳳凰，搖身一變成為大飆股。

表 4-2 獵鷹 9 號策略（V1.0）要件表

選股濾網	濾網1	股價長期在主力集中價格線之下（至少2年，3-5年最佳）
	濾網2	≧5% 紅K棒由下往上突破「主力集中價格線」時，以下四個數字皆必須>0 ● 60日、120日籌碼集中度 ● 60日、120日籌碼佔股本比
	濾網3	20日平均成交金額>3000萬
➜ *買進（何時買可能因人而異，但策略買點就是重重K成立當天的收盤價）		
風控三個點	進場點	重重K成立當天的收盤價
	原始停損點	重重K的最低點（跌破就停損全賣）
	移動停損點	波段高點回檔15%減碼，回檔30%出光

● 選股濾網1：股價長期被主力集中價套牢

獵鷹9號的野心就是要逮到超大飆股。但到底怎樣的股價走勢將構成超大飆股？根據我的觀察，首先，主力醞釀的時間要夠久，至少被套牢2年以上，在這期間籌碼有機會被吃得夠多，漲幅才有機會更大。

所以我們的第一道選股濾網就是要找出那些「股價長期被主力集中價套牢」的股票，這代表的是這檔股票的主力很久沒有「好好賺一波」。

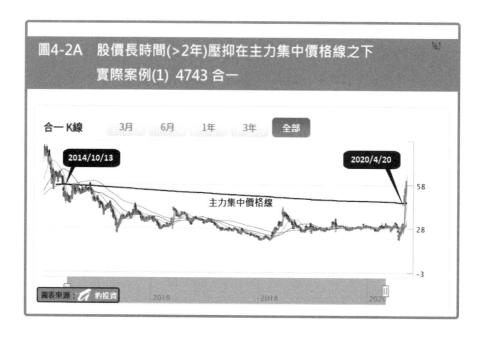

圖4-2A 股價長時間(>2年)壓抑在主力集中價格線之下
實際案例(1) 4743 合一

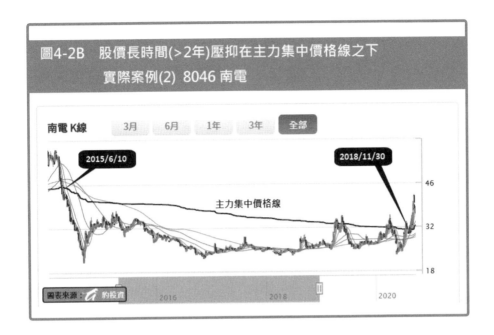

圖4-2B　股價長時間(>2年)壓抑在主力集中價格線之下
　　　　實際案例(2) 8046 南電

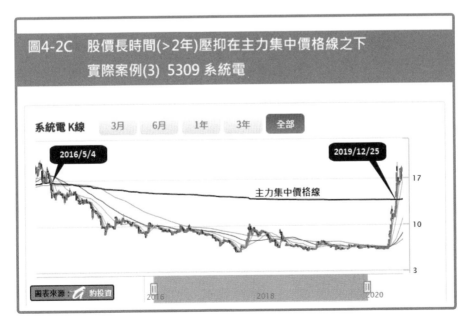

圖4-2C　股價長時間(>2年)壓抑在主力集中價格線之下
　　　　實際案例(3) 5309 系統電

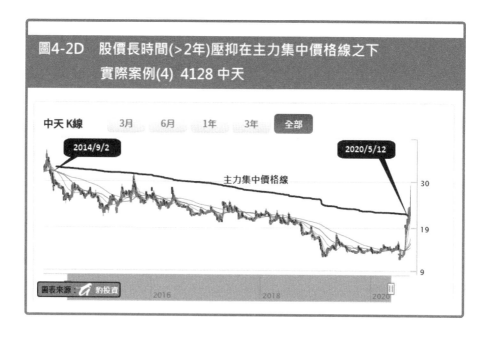

圖4-2D　股價長時間(>2年)壓抑在主力集中價格線之下
　　　　實際案例(4) 4128 中天

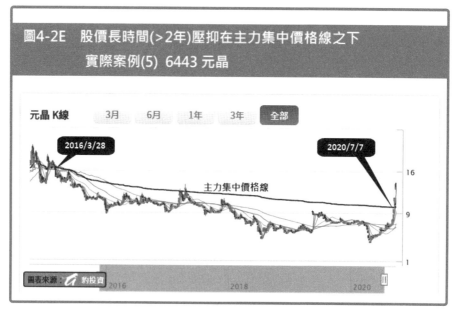

圖4-2E　股價長時間(>2年)壓抑在主力集中價格線之下
　　　　實際案例(5) 6443 元晶

在這多年的套牢過程，偶爾股價也會略為突破「主力集中價線」，並有著數十百分比的漲幅（如下圖4-3的B、C段），這樣的漲幅對主力而言就夠了嗎？我思考的是，若主力真醞釀了好幾年的時間吃貨，股價僅突破自己的成本，獲利才2～3成，他們應該是不滿足的，他們追求的通常是更多的回報，甚至是以倍數計算。

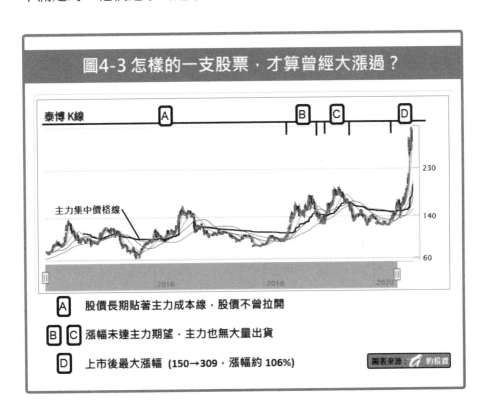

圖4-3 怎樣的一支股票，才算曾經大漲過？

泰博 K線

主力集中價格線

230
140
60

2016　　2018　　2020

A　股價長期貼著主力成本線，股價不曾拉開

B　C　漲幅未達主力期望，主力也無大量出貨

D　上市後最大漲幅 (150→309，漲幅約 106%)

圖表來源：豹投資

根據我的觀察研究，如果股價突破主力集中價之後，只有上漲數十百分比的漲幅，我會判定這支股票等於沒有上漲。另一種狀況是，股價可能很短時間內攀升，達到80％、100％甚至更多的漲幅，但很快出現「A型反轉」，瞬間又崩落到成本附近，這樣也

算是還沒大漲過，仍舊是我們可以持續觀察的股票。

為什麼股價曾經大漲過，我卻會認為主力還沒大賺？因為股價到了高點只是曇花一現，然後就迅速下跌，這會讓主力無法在高點附近將所進的貨大量出脫，主力還沒有機會大賺，這檔股票就仍值得我們追蹤觀察。

在我的判定中，**究竟怎樣才算是「已經大漲過」，不值得再買進？我會以「股價是否上漲達到100％漲幅」為參考，並確認股價有在高點盤整，表示成本低的主力想在高點出貨也是出得掉。**

但這個100％漲幅標準，其實帶有主觀判斷的意味。只要我們認定它尚未大漲過，或者雖有大漲卻馬上A轉下來，就還是歸納為「醞釀中」，可以**持續觀察下一次突破主力集中價的機會。**

找到「重重K」

在符合前面醞釀夠久的濾網後，緊接著我們來找「重重K」。

「重重K」必須是收紅K，並且由下而上突破主力集中價，這意思是說，重重K前一天的股價，要收在主力集中價之下，而重重K當天股價往上突破主力集中價，這支股票才能列入觀察。

如果突破當天是開高走低，即便收盤漲幅有 ≧5％，但黑K就不能算是重重K。除去這樣的特例，值得繼續追蹤觀察的「重重K」有下列幾種形式：

1. 標準重重K形式就是一根紅K，由下而上K棒實體穿越主力
   集中價，漲幅 ≧5％。
2. 開盤直接跳空開高走高突破主力集中價，漲幅 ≧5％。
3. 開盤直接漲停鎖死，收一字線。

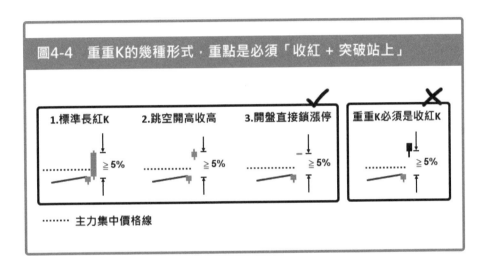

圖4-4　重重K的幾種形式，重點是必須「收紅 + 突破站上」

1.標準長紅K　2.跳空開高收高　3.開盤直接鎖漲停　　重重K必須是收紅K

≧ 5%　　≧ 5%　　≧ 5%　　≧ 5%

……… 主力集中價格線

● 選股濾網 **2**：4個數字大於0

　　第1個選股濾網條件成立，第2個要注意的選股濾網就是：
「漲幅5％以上的紅K（重重K）由下而上穿越主力集中價，這根K
棒當下的4個籌碼相關數字必須大於0」，代表籌碼已經集中到特
定人士手中。

- 數字#1：60天籌碼集中度
- 數字#2：120天籌碼集中度
- 數字#3：60天籌碼佔股本比
- 數字#4：120天籌碼佔股本比

　　倘若只以「漲幅5％以上的紅K由下而上穿越主力集中價」視為重重K，並當作買進的訊號，這樣的訊號會讓交易頻率太高，且極容易被騙而虧損。為解決這困擾，我大量研究驗證後發現，增加這4個數字大於0的條件，可降低失敗的機會。

　　以豹投資平台為例，後台會幫我們運算出4個籌碼相關數字，並比對是否都同時> 0。

● 選股濾網**3**：最近20日平均成交金額> 3,000萬

　　為了規避「流通性風險」，第3道濾網要求這檔個股的「20日平均成交金額> 3,000萬」。如果最近20天的平均成交金額不及3,000萬台幣，一方面代表這檔股票乏人問津，另一方面設定3,000萬台幣的門檻可以避免因太少人買賣，而造成滑價太大，或是想賣卻因沒人承接而賣不出的窘境。

　　以豹投資平臺為例，後台會幫我們運算出過去20日平均成交金額大於3000萬的標的，可省去人工計算的時間。

● 獵鷹9號策略（V1.0）風控3個點

　　獵鷹9號策略的三道濾網只要一成立，接下來就是策略的買賣執行，風控3個點的精確定義：

- 「哪裡買？」 ➡ 買點：重重K成立當天收盤價
- 「賠錢哪裡出？」 ➡ 原始停損點：重重K最低點
- 「獲利哪裡賣？」 ➡ 移動停損點：波段高點回檔15％減碼；波段高點回檔達30％出清持股

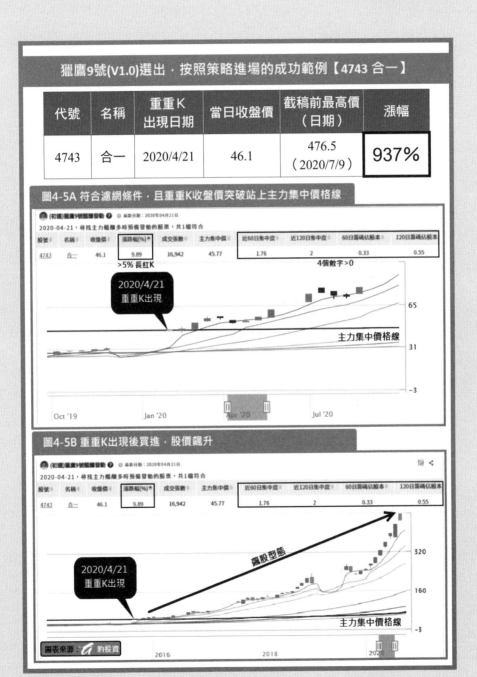

獵鷹9號(V1.0)選出，按照策略進場的成功範例【4743 合一】

代號	名稱	重重K 出現日期	當日收盤價	截稿前最高價 （日期）	漲幅
4743	合一	2020/4/21	46.1	476.5 （2020/7/9）	**937%**

圖4-5A 符合濾網條件，且重重K收盤價突破站上主力集中價格線

圖4-5B 重重K出現後買進，股價飆升

獵鷹9號(V1.0)選出，按照策略進場的成功範例【8046 南電】

代號	名稱	重重K 出現日期	當日收盤價	截稿前最高價 （日期）	漲幅
8046	南電	2020/3/25	43.65	147.5 （2020/8/17）	**238%**

圖4-6A 符合濾網條件，且重重K收盤價突破站上主力集中價格線

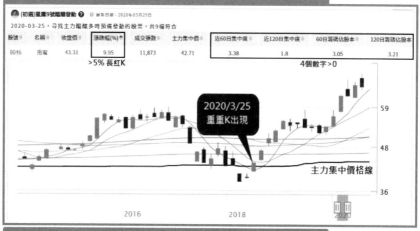

圖4-6B 重重K出現後買進，股價飆升

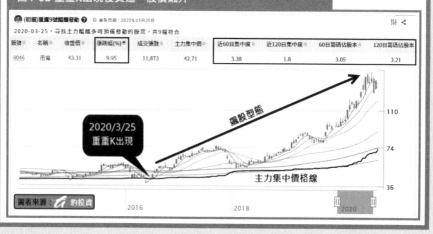

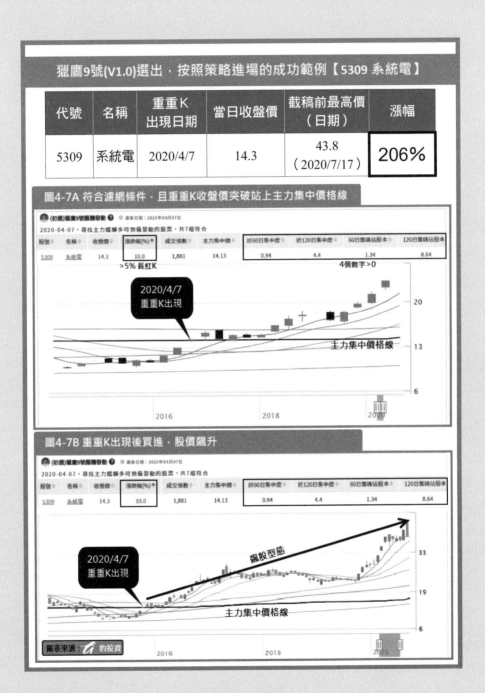

獵鷹9號(V1.0)選出，按照策略進場的成功範例【5309 系統電】

代號	名稱	重重K 出現日期	當日收盤價	截稿前最高價 （日期）	漲幅
5309	系統電	2020/4/7	14.3	43.8 （2020/7/17）	206%

圖4-7A 符合濾網條件，且重重K收盤價突破站上主力集中價格線

圖4-7B 重重K出現後買進，股價飆升

獵鷹9號(V1.0)選出，按照策略進場的成功範例【4128 中天】

代號	名稱	重重K出現日期	當日收盤價	截稿前最高價（日期）	漲幅
4128	中天	2020/5/14	24.25	159.5（2020/7/10）	**558%**

圖4-8A 符合濾網條件，且重重K收盤價突破站上主力集中價格線

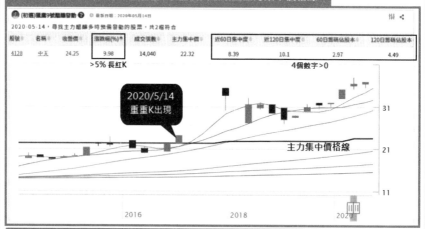

圖4-8B 重重K出現後買進，股價飆升

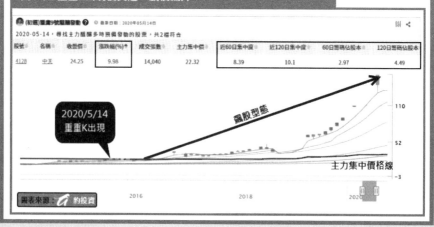

獵鷹9號(V1.0)選出，按照策略進場的成功範例【6443 元晶】

代號	名稱	重重K 出現日期	當日收盤價	截稿前最高價 （日期）	漲幅
6443	元晶	2020/7/9	10.7	30.55 （2020/9/24）	**186%**

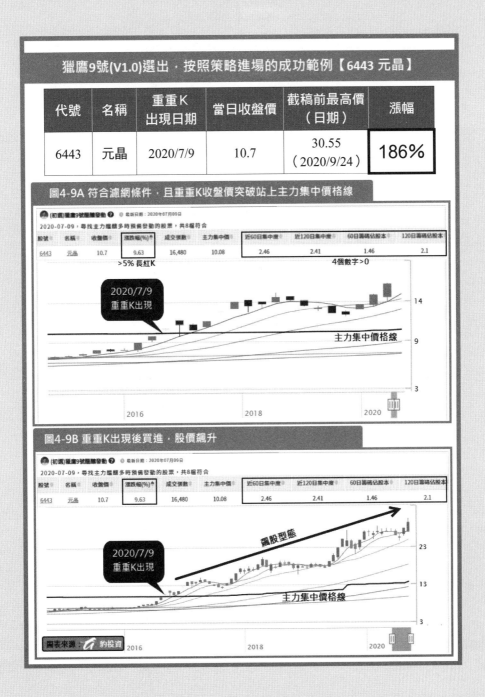

圖4-9A 符合濾網條件，且重重K收盤價突破站上主力集中價格線

圖4-9B 重重K出現後買進，股價飆升

● 獵鷹9號策略（V1.0）初次登場，一切曾是那麼美好

在我剛開始公開獵鷹9號策略時，統計的前23筆交易是11勝12敗，勝率大概是47％，其實不算太差，畢竟連《順勢交易》這本書都提到「順勢交易者要認同大部分的交易都會失敗」。

如果「多數交易都會失敗」，那到底要怎麼賺到錢？
靠的是「賺多賠少」。

在這23筆交易裡，虧損的12筆一共帶來了-9.9的Risk Ratio（**若每筆交易都承擔本金1％的風險，那最後會虧損本金的9.9％**），而獲利的11筆交易帶來的是116.5的Risk Ratio（**若每筆交易都承擔本金1％的風險，那最後會賺進本金的116.5％**）。

所以，23筆加起來Total Risk Ratio值是105.7，這代表若我每筆交易承擔本金1％的風險，我的總報酬將是本金的105.7％，整整翻一倍耶！很令人興奮吧！

（關於Risk Ratio計算說明，請參閱Ego小教室132頁）

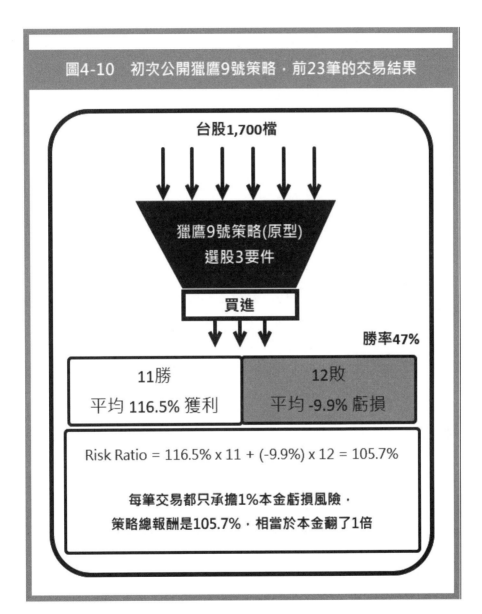

圖4-10　初次公開獵鷹9號策略，前23筆的交易結果

Ego小教室：【什麼是Risk Ratio？】

以下演示買進一檔股票，Risk Ratio是如何計算。

表 4-3　以買進 1 檔股票，說明單筆交易的 Risk Ratio 如何計算

本金	買進股票	原始停損點	買進點	本次交易潛在虧損金額 A	可購買張數	總投入資金	最後出場價位	本次交易實際獲利 B	Risk Ratio B÷A
				每筆交易最大虧損上限10,000					
1,000,000	股票A	48	51	9,000	3	153,000	93	126,000	14.00

■ 資控條件：單筆交易最大虧損為本金1%的限制（初始本金
　$1,000,000，可虧損的金額就是$10,000）
　1. 股票A的可購買張數＝3
　2. 投入資金＝153,000 元

■ 買點與停損點之間的價差：決定了**單張股票潛在虧損金額**
　1. 買進點＝51
　2. 原始停損點＝48
　3. 每張股票潛在虧損＝（51-48）×1,000＝3,000 元；
　　　因為單筆交易上限是賠1萬元，所以只可以買進3張股票
　　　總潛在虧損就是 9,000元

■ 賣出點（移動停損點）與買進點之間的價差，就是本次交易單張股票的實際獲利

 1. 買進點＝51

 2. 移動停損點＝93

 3. 每張股票實際獲利＝（93－51）×1,000＝42,000

  買進3張股票 總實際獲利就是 126,000元

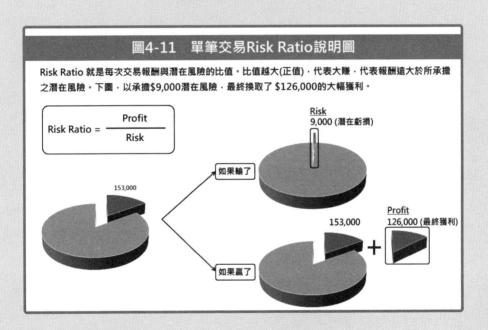

圖4-11　單筆交易Risk Ratio說明圖

Risk Ratio 就是每次交易報酬與潛在風險的比值。比值越大(正值)，代表大賺，代表報酬遠大於所承擔之潛在風險。下圖，以承擔$9,000潛在風險，最終換取了 $126,000的大幅獲利。

總結本次交易：

1. 以總資金中的$ 9,000（潛在虧損）

2. 去換取 $ 126,000（實際獲利）

3. Risk Ratio＝126,000 / 9,000＝14

如果以100萬本金陸續買進3檔股票說明，那策略整體Risk Ratio又該如何計算？

表4-4 以買進3檔股票，說明策略整體 Risk Ratio 如何計算

本金	買進股票	原始停損點	買進點	總潛在虧損金額 A	可購買張數	總投入資金	最後出場價位	本次交易實際獲利 B	RISK RATIO B÷A	備註
				每筆交易最大虧損上限10,000						
1,000,000	股票A	48	51	9,000	3	153,000	93	126,000	14.0	勝
847,000	股票B	23.35	25	9,900	6	150,000	23.35	-9,900	-1.0	敗
697,000	股票C	121	128	7,000	1	128,000	172	44000	6.3	勝
				未實現損益前，剩餘本金		569,000				

- 3檔股票在進場當下，累計承擔了：

  9,000+9,900+7,000＝25,900（潛在虧損約總資金2.59％）

- 3檔股票已實現損益後，累計獲利為：

  42,000×3+（-1,650）×6＋44,000×1＝160,100

總結3筆交易：

整體策略績效 Risk Ratio ＝14.0+（-1.0）+6.3＝ 19.3

平均單筆交易績效 Risk Ratio＝160,100/25,900＝ 6.18

平均每次交易承受＄10,000虧損風險，共可換取虧損風險的19.3倍的報酬，是＄193,000。

● 獵鷹9號策略（V1.0）遭遇逆風

起初我也覺得自己真厲害，開發出這麼厲害的交易策略。但市場就是這樣如此「充滿不確定性」，我無法在那時先知道，原來緊接而來的23筆交易裡，我會虧損22筆！先是連續虧損4筆，緊接著獲利1筆，然後又連續賠了18筆！在這23筆交易裡，勝率是4％，敗率是96％⋯⋯。

前面覺得自己很猛，後面覺得自己很鳥⋯⋯

這96％的敗率，在那當下帶來了-23.3的Risk Ratio值（相當於初始本金虧損了23.3％），怎麼辦？

我是因為前面有先吃到一波大賺，本金已翻倍獲利中，所以後面這虧損我承受得住，但感覺還是很差。假設某一位投資朋友是從連續虧損的第1筆開始使用「獵鷹9號（V1.0）」策略來選股買股，連續交易23筆之後發現是這結果？豈不讓他賠到懷疑人生了？

雖然事後證明，獵鷹9號（V1.0）從2018年底到2020年截稿為止（2020/9/1），Risk Ratio可以達到363％，但問題就在這方法勝率略低了點（約38％），並且過程比較容易遇到連續虧損，心理上還是得承受不小的壓力。所以，我才會繼續思索研究，進而開發出「獵鷹9號（V2.0）」。

表 4-5　獵鷹 9 號（V1.0）遭遇逆風，遭遇連續虧損

代號	名稱	原始停損點成立日（重重K出現日期）	重重K收盤價	重重K最低點（策略停損價）	停損日	最後停損日停損價	Risk Ratio
8088	品安	2019/7/23	23.95	22.25	2019/7/30	22.20	-1.0
2201	裕隆	2019/7/26	23.90	22.50	2019/8/13	22.45	-1.0
8039	台虹	2019/7/10	42.10	40.10	2020/2/3	41.50	-0.3
2903	遠百	2019/7/31	23.60	22.20	2019/8/5	22.15	-1.0
6251	定穎	2019/8/15	11.85	10.90	2020/3/13	13.10	1.3
8431	匯鑽科	2019/8/16	61.90	56.50	2019/12/26	56.00	-1.1
3221	台嘉碩	2019/8/29	24.70	23.10	2019/9/2	22.55	-1.3
6233	旺玖	2019/9/23	15.30	14.30	2019/10/15	14.05	-1.3
3048	益登	2019/9/23	19.80	18.25	2019/9/25	17.95	-1.2
3163	波若威	2019/10/1	50.70	48.45	2019/10/4	48.10	-1.2
6129	普誠	2019/10/3	9.25	8.62	2019/10/9	8.52	-1.2
3558	神準	2019/10/14	128.50	119.00	2020/1/8	118.00	-1.1
2605	新興	2019/10/14	17.75	17.30	2019/10/17	17.10	-1.4
1560	中砂	2019/10/17	69.70	65.60	2020/1/8	65.50	-1.0
2102	泰豐	2019/10/21	14.35	13.10	2019/11/8	13.00	-1.1
4991	環宇	2019/10/30	71.00	68.00	2019/11/11	67.20	-1.3
6233	旺玖	2019/11/8	15.45	14.30	2019/12/24	14.25	-1.0
1464	得力	2019/11/12	28.00	26.40	2019/11/26	26.35	-1.0
3221	台嘉碩	2019/11/12	24.40	23.35	2020/1/8	23.15	-1.2
1752	南光	2019/11/12	42.10	40.15	2019/12/19	40.00	-1.1
9939	宏全	2019/11/13	57.70	55.70	2020/3/12	55.65	-1.0
8039	台虹	2019/11/28	45.35	43.00	2020/2/3	41.50	-1.6
3048	益登	2019/12/3	19.75	18.45	2020/1/8	18.35	-1.1
Risk Ratio＝- 23.3，相當於初始本金虧損了23.3%　如果初始本金是100萬，那這階段的連續虧損達到23.3萬元！							Risk Ratio 總和＝-23.3

4-3 獵鷹9號策略（V2.0）

「獵鷹9號（V2.0）」策略是怎麼來的？其實就是力行「化障礙為道路」、「沒有失敗只有回饋」的成長型思維精神。

在連續虧損那當下，我不是選擇唉聲嘆氣、埋怨市場，而是不斷思考「我該如何……」。我該如何修正獵鷹9號策略，才能**降低交易頻率、提高勝率，又能保有飆股的獲利？**

曾經我在自己的訂閱專欄中，向讀者們說過如此「誑語」：「就不要讓我虧損！每一筆虧損，都是在讓我知道這樣做會賠錢！但只要知道這樣做不好，我就會修正！」

我不是賠了一次就修正一次，而是在經歷連續虧損之後，才發現當連敗接踵而至，市場是如此蠻橫不講道理。於是我日夜都在思考：「那些飆股都是怎賺來的？」

前前後後，我又再看了數百檔飆股，最後得到**「獵鷹9號（複選）」：3-5濾網**。

「3」代表的是3天，「5」代表漲幅 ≧5％紅K。個股在原本的獵鷹9號策略「重重K」成立之後，我先將其列入觀察但還不會買進，我要等到「重重K之後起算3天內，若再次見到漲幅 ≧5％的紅K」我才會買進。

在研發過程，我時刻遵守順勢交易的精神，如同《亞當理

論》說的「趨勢不會漲到讓你不能買，也不會跌到讓你不能賣」，你若仔細查看台股過去多年的數百檔飆股，你會發現，一檔股價能夠從20漲到50，就能再從50漲到100，甚至漲到300、500其實屢見不鮮。

根據「強者恆強」的慣性定律，在「重重K」之後的3天內，我等到再出現漲幅 ≧5％紅K才進場，這樣反而讓很多不強的股票就被過濾掉了，而那些會漲、能再強漲的股票，就有很大機率走進3-5濾網裡。

加入這個條件，我的交易頻率從20個月交易130檔股票，下降到20個月交易50檔股票；勝率從38％提高到52％。不僅降低了交易頻率，也降低了連續虧損機率。當然，事情不可能總是完美，獵鷹9號（V2.0）策略的Risk Ratio值僅有142。（前一版本獵鷹9號策略（V1.0）的Risk Ratio是363。）

跟大家分享這些是想說明，一個好的策略從來就不是將A分析、B技巧，隨便湊合起來成了C策略就能使用，也不是光具備風控3個點就能開始賺多賠少；事實上，一個策略的開發，其中有太多因素須斟酌，有太多情緒要處理，更有太多不確定性與風險要承擔。

● 獵鷹9號策略開發進程

　　以下兩張圖表，會幫助你更瞭解我如何將獵鷹9號（V1.0）升級進版成獵鷹9號策略（V2.0）（初選+複選）。

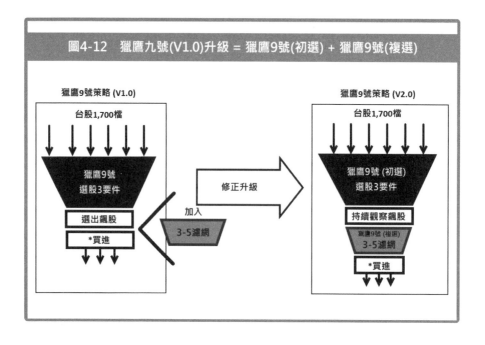

表 4-6　獵鷹九號策略（V2.0）＝獵鷹 9 號（初選）＋獵鷹 9 號（複選）

獵鷹 9號 （初選）	濾網1	股價長期被主力集中價套牢（至少兩年，3-5年最佳）
	濾網2	≧5%紅K棒由下往上突破「主力集中價」時，以下四個數字皆必須>0 ● 60日、120日籌碼集中度 ● 60日、120日籌碼佔股本比
	濾網3	20日平均成交金額>3000萬
飆股觀察清單		
獵鷹 9號 （複選）	3-5濾網成立：重重K之後3天內，再次出現漲幅 ≧5%的紅K	
買進（何時買可能因人而異，但策略買點就是3-5濾網成立K棒的收盤價）		
風 控 3 個 點	進場點	3-5濾網成立K棒的收盤價
	原始停損點	3-5濾網成立K棒的最低點（*出現跳空缺口時，守缺口低點）
	移動停損點	波段高點回檔15%減碼，回檔30%出光

● 獵鷹9號策略（V2.0）的風控3個點

3-5濾網的加入，使獵鷹9號策略更優化；策略的買賣決策，也必須等待3-5濾網紅K出現之後才得以開展。

3-5濾網成立，【先有停損點，才有進場點】

何謂3-5濾網？詳細定義如下：

1. 在重重K出現之後，隔日起算3天內，任一天再出現一次 ≧5％漲幅的紅K

2. 買進價格：≧5％漲幅紅K的收盤價

3. 原始停損點：≧5％漲幅紅K的最低價（＊若有跳空缺口則守缺口低點）

圖4-13　先有重重K，才有3-5濾網，兩者緊密相依，有先有後

3-5濾網成立條件：
1. 「重重K」出現，開始持續追蹤
2. 在t+3日內，再次出現 ≧5%漲幅紅K（3-5濾網成立）

範例說明：
1. 第t日出現重重K，持續追蹤3日
2. 第t+2再出現 ≧5%漲幅紅K，3-5濾網成立
3. 以t+2日的3-5濾網成立的紅K收盤價，作為買進價格

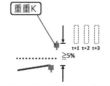

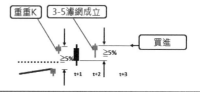

　　先有獵鷹9號（初選）選股策略的 ≥5％漲幅重重K，又加上後來的3-5濾網的 ≥5％漲幅紅K，或許你會問：「如此一來，進場價位相當高（可能已經先漲了>10％），用意是什麼？」

　　回顧先前所討論的「進場價格離停損點較遠，勝率較高不容易被洗出」，獵鷹9號（複選）策略的設計確實是為了遷就「勝率」，而這個策略的優點正是「降低交易頻率、提高交易勝率」；相對的，它的缺點是「短線上可能追高」。

　　關於「追高」這迷思，我們可以利用「第一性原理」重新思考獵鷹9號的策略最基本的設計要素：

- **策略目的是什麼？做強勢股。**
- **強勢股本質是什麼？漲停、漲不停**
- **強勢股的走勢長怎樣？漲多跌少**

（註：第一性原理是演繹法的一種，其過程將複雜問題分解為基本要素，倡導以基本要素為原點，從源頭開始思考。這樣做的好處是，可以拋去人為干擾因素以及屏除僵化的既有思想，看見一些原來沒有發現的可能性。）

獵鷹9號策略只做強勢股

　　當我們看到股價上漲，並透過獵鷹9號的濾網辨識出「它是強勢股，值得我們操作」之後，就該依法進場。換句話說，當眼見強勢股起漲的時候，就不該心生顧慮「短線追高」、「追高摔下來很痛」，腦中充斥這些矛盾的心理。

強勢股的本質是漲停、漲不停

一般散戶們之所以會有這些矛盾心理，其背後存在一種想「買低賣高」的預期，他們想要在起漲前先買進，並且期望在自己買完之後股價再上漲。

但問題是，這檔股票都還沒表現得像支飆股，開始出現漲停、漲不停，一般散戶們又是如何預見未來的它將會是支飆股？

在起漲前預先買進，從來都不是順勢交易者的思維。**順勢交易從來就不是買低賣高，而是買高賣更高；請務必切記，順勢交易者是「Trade what you see, not what you think」，只在見到價格走勢正在上漲中而買進，正在下跌中而賣出。**

《亞當理論》書中有個相當精闢的舉例，如果我們想要坐上一班南下列車，在車站毫無任何提示的情況下，我們如何知道這班列車是北上還南下？

很簡單，等到列車開動的時候，就知道它往哪開，然後在啟動當下趕緊跳上車！但多數投資人都是想在列車啟動之前就先上車，或者窮盡畢生精力想研究出「預測列車會往哪走」的能力。然而，幾百年來多少交易員已經證明「贏家不是靠神預測、先知道而大賺，贏家都是順勢而為」。

「短線追高」對獵鷹9號策略來說並不是問題。若追高卻摔下來，策略的原始停損點就在下方不遠處，虧損並不大；此外，策略已被驗證過具有正期望值，確實能逮到飆股，當一檔股票最後能大漲100％、200％甚至更高的時候，儘管我們慢了5％、10％才進場，那就只是賺到95％或190％的差別而已，少賺的不多，卻可

以因著這個「追高」而降低許多「交易頻率」，並提高「交易勝率」。

3-5濾網的【原始停損點】

3-5濾網成立，是因為 ≧5％ 漲幅紅K棒的出現，所以原始停損點就是「≧5％ 漲幅紅K棒的最低價」；跌破，這筆交易就結束，我們認賠出場。

但需要留意，3-5濾網成立的這根紅K棒的出現，是否伴隨跳空，如果有，那麼原始停損點的判定需要將此跳空的K棒型態納入考慮。

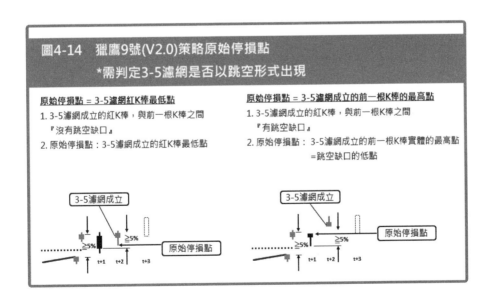

圖4-14 獵鷹9號(V2.0)策略原始停損點
*需判定3-5濾網是否以跳空形式出現

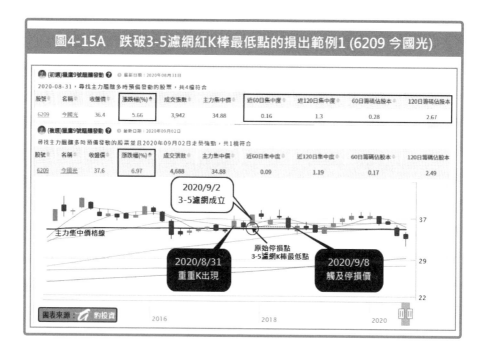

圖4-15A　跌破3-5濾網紅K棒最低點的損出範例1 (6209 今國光)

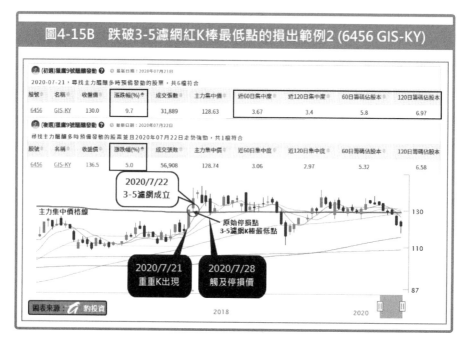

圖4-15B　跌破3-5濾網紅K棒最低點的損出範例2 (6456 GIS-KY)

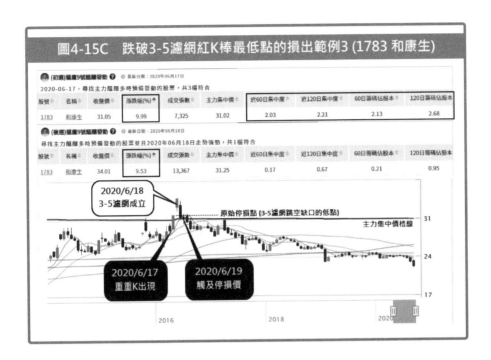

市場走勢充滿不確定性，除了「原始停損點」被乾淨俐落的跌破之外，我們還可能遇到以下幾種情境：

3-5濾網原始停損點盤中被跌破

假設3-5濾網成立並買進之後，如果盤中出現價格跌破3-5濾網原始停損點，我們一定要馬上行動：

1. 如果可以看盤者，至少出掉2/3～3/4比例的持股，剩下看狀況，若又繼續跌，馬上全部出光。

2. 如果不能看盤者，必須借助券商提供的智慧下單，設定系統自動交易全部停損。（自動交易部分請詢問各券商營業員）

之所以必須馬上行動，因為我們不能放任「虧損擴大」。進場前，我們就已經定義好「進場點跟原始停損點之間的距離」是我們的風險，因此在股價跌破原始停損點當下，若我們還不停損賣出，就會造成「風險變大」，風險變大就代表虧損比預期還多，那就不只是小賠了，這是一種錯誤，是我們必須避免的。

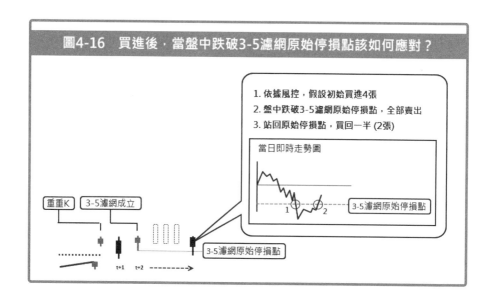

圖4-16 買進後，當盤中跌破3-5濾網原始停損點該如何應對？

那如果「**原始停損點盤中被跌破，收盤又站上**」怎麼辦？

跌破當下，我們必須積極大量減碼甚至出光，但絕對存有一定機率是盤中下跌，收盤前卻又拉漲上去；遇到這種狀況，我們要買回一半的張數。假設剛剛賣光是賣出6張，這時我們就只買回3張，算是一種變相的減碼。

買回，是因為它終究沒跌破；減碼，是因為它有轉弱跡象；因為如果是強勢股，理當強漲向上，而它是在盤中跌破停損才又站回去，代表有轉弱跡象，採取減碼因應。

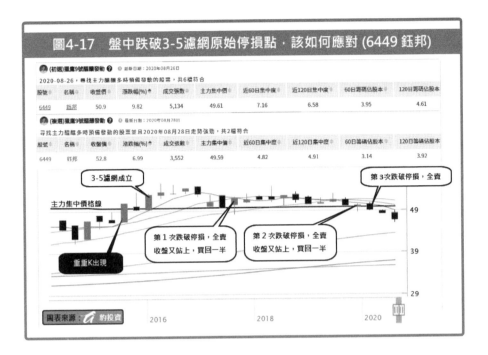

圖4-17　盤中跌破3-5濾網原始停損點，該如何應對 (6449 鈺邦)

3-5濾網原始停損點盤中被跌破，最多只被洗兩次原則

　　3-5濾網成立買進之後，如果這檔股票首次跌破原始停損點又站上，我們會在跌破當下全部停損賣光，直到確定站上的時候買回一半；哪天盤中若又跌破、站上，我們又是全部停損、買回一半。買回1/2張數這個機制最多就是只執行2次，跌破第3次，將不再買回。

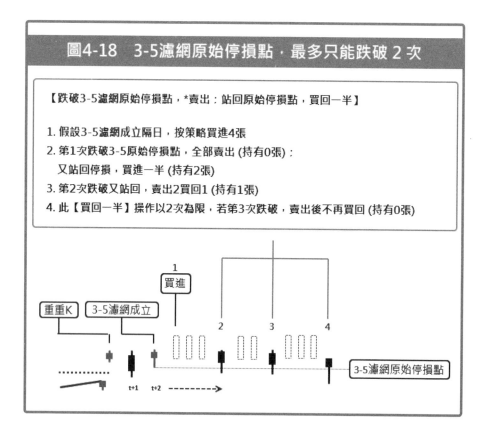

圖4-18　3-5濾網原始停損點，最多只能跌破 2 次

【跌破3-5濾網原始停損點，*賣出：站回原始停損點，買回一半】

1. 假設3-5濾網成立隔日，按策略買進4張
2. 第1次跌破3-5原始停損點，全部賣出 (持有0張)：
   又站回停損，買進一半 (持有2張)
3. 第2次跌破又站回，賣出2買回1 (持有1張)
4. 此【買回一半】操作以2次為限，若第3次跌破，賣出後不再買回 (持有0張)

以6278 台表科為例說明【盤中跌破原始停損點，最多洗 2 次原則】

項次	日期	說明
(1)	2018/10/31 2018/11/1	≥5%漲幅紅 K 突破主力集中價 = 重重 K 成立 (10/31) ≥5%漲幅紅 K (帶跳空) = 3-5 濾網成立 (11/1) **原始停損點 = 33.75**
(2)	2018/11/13	初始買進 n 張股票。但盤中跌破 33.75，賣出全部；確定收盤站回，之後買回 n/2 張數
(3)	2018/11/15	但盤中跌破 33.75，賣出全部；確定收盤站回，之後買回 n/4 張數

圖4-19A　3-5濾網原始停損點，最多只能跌破 2 次

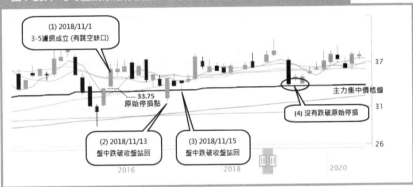

圖4-19B　3-5濾網原始停損點只跌破 2 次，後續發展

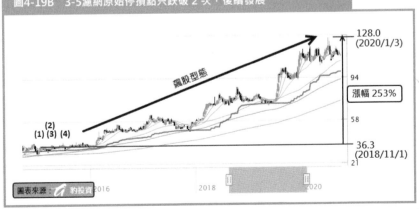

■ **以泰博為例，完整說明獵鷹9號（Ｖ2.0）操作細節**

再以泰博4736為例，說明這支股票如何經歷獵鷹9號（初選）選入、**跌破重重K從獵鷹9號（初選）除名，不再繼續關注**；接著再次突破主力集中價被獵鷹9號（初選）選入、經歷3-5濾網成立買進、停損賣出再買回，最後一路沒有減碼直奔最高價308。

項次	日期	說明
（1）	2020/2/19	≧5%漲幅紅K突破主力集中價＝重重K成立；重重K停損點150.5
（2）	2020/2/20～2/24	3-5濾網未成立，不會進場；這支股票持續保留在「獵鷹9號」選股清單中追蹤觀察
（3）	2020/3/13	收盤價140跌破150.5（重重K停損價），停止追蹤觀察

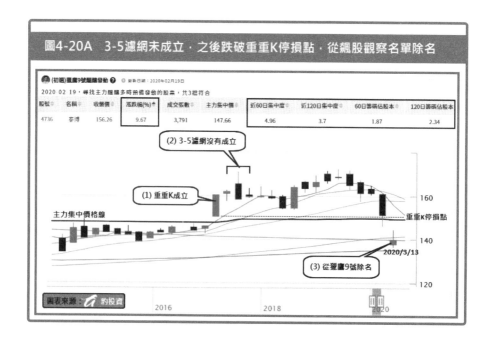

圖4-20A　3-5濾網未成立，之後跌破重重K停損點，從飆股觀察名單除名

項次	日期	說明
（4）	2020/3/18	≧5%漲幅紅K突破主力集中價＝重重K成立；重重K停損點147.5
（5）	2020/3/20	≧5%漲幅紅K 收盤價 159＝3-5濾網成立；3-5原始停損點＝153
（6）	2020/3/23	按策略買進n張股票。但盤中跌破153，*賣出全部；收盤前買回n/2 張數

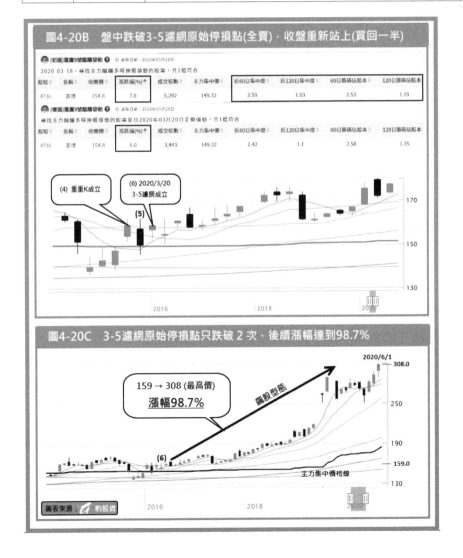

獵鷹9號（V2.0）【移動停損點】

根據3-5濾網買進股票後，虧損出場的點，叫作「原始停損點」，我們取的是3-5濾網這根紅K的低點，如果低點有跳空缺口，就守缺口低點（等同前一天實體高點）。

而讓人獲利出場的點，就是「移動停損點」。獵鷹9號的移動停損點規劃，是我個人針對台股過往數百檔飆股大量觀察所得，前面我們曾提到，飆股的特色就是「漲多跌少」，但這個詞太抽象，無法用來做交易，因此在策略規劃上，我們定義「跌少」為「從高檔回跌15%～30%」。

■ 自波段高點回跌15%減碼，回跌30%賣光

獵鷹9號策略的目標是鎖定大飆股，我們希望它漲幅>100%，而為了有足夠大的利潤，我們就要給予足夠大的震盪空間。坊間很多買賣會守5日移動平均線或者10日移動平均線，在獵鷹9號的角度，為了抱到長線大波段，我們不這樣設計，避免太早把飆股賣掉。

表 4-7　獵鷹 9 號（V2.0）策略停損與減碼機制

獵鷹9號（V2.0）策略停損與減碼機制
1. 守住原始停損點
2. 自波段高點回檔15%時，部分減碼1/2～1/3（主觀判斷）
3. 自波段高點回檔>30%時，全部賣出

■ 以4736 泰博為例，說明【移動停損點：唯有自波段高點回檔15%才減碼】原則

下圖4-21A中，按照策略在159元買進，2020/4/27最高已經漲到192.5，漲幅近乎21％，結果當天開高走低卻收低在188，你是不是會感到天人交戰，很怕繼續跌想要趕緊賣？

根據獵鷹9號策略，答案是否定的！唯有跌幅達到15％，才進行減碼，否則就是依照策略按兵不動！

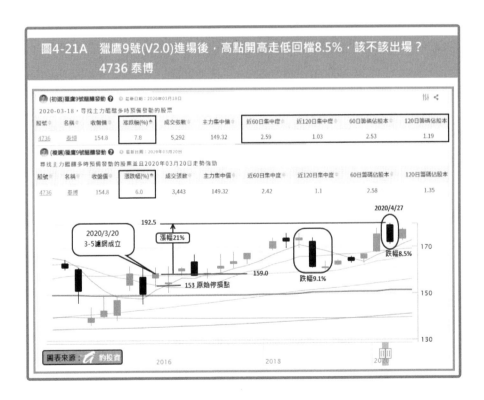

圖4-21A 獵鷹9號(V2.0)進場後，高點開高走低回檔8.5%，該不該出場？
4736 泰博

　　按照策略，當股價自波段高點回檔15％將會部分減碼（從最高價192.5回檔至163.5，這是單張股票將近29,000台幣的回檔）。換作是你，你願意承擔這樣的回檔金額嗎？

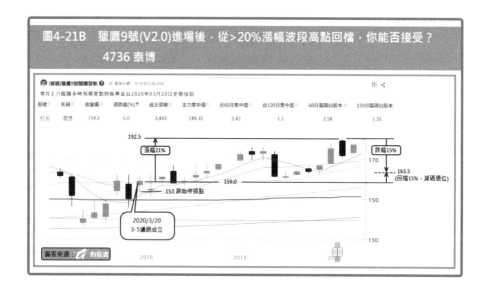

　　如果答案是否定的，這是因為你「很想賺錢」，於是心有不甘獲利回吐，但這些都是情緒念頭，而不該被當作交易決策。我們要的是成為贏家，因此必須依法操作、紀律交易，**成為贏家的關鍵更在於「知道做到」。**

　　同樣的，再有下一個波段高點出現，唯有回檔達到15％時，才會執行部分減碼1/2～1/3（先部分獲利落袋）。換句話說，即便股價已經高達219.5，但按照獵鷹9號（V2.0）策略，單張股票可以賺到的最大獲利是落在 219.5×（1－15％）＝186.5，我們必須將獲利回吐近33,000元，這必須承擔、也願意承擔！

因為，如果承擔不了這樣的回吐，就無法享受到之後的大漲。然而，依法操作的我們，**早就做好心理準備，已經知道可以賺到的最大獲利就是在**186.5，從最高點下來的這些回跌利潤，本來就不是策略能得到的，我們就平常心看待。

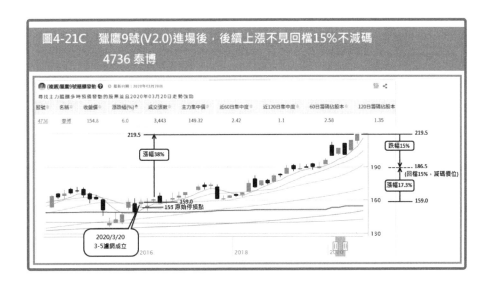

圖4-21C　獵鷹9號(V2.0)進場後，後續上漲不見回檔15%不減碼

4736 泰博

按照獵鷹9號（V2.0）的交易策略，除了2020/3/23被洗（買進後停損，之後又買回一半），之後在整個緩漲的過程，就是心無旁鶩的一直持有股票。唯有沉住氣、平靜心，你才能見到2020/5/13之後的連續漲停。

對於上漲過程的每一個高點，我都會重複思考，我面對的風險是什麼？我十分清楚**明天的漲跌自己無法預測**，那我在每一個高點就要想好出場點，可能是移動停損點、也可能是原始停損點，只有願意承擔回檔，我們才有機會參與大賺。

許多投資人之所以交易績效一直是小打小鬧，參與不到大行情，就是因為不願承擔，太早賣出。

　　當2020/5/18日價格最高來到309（自159買進，漲幅94.3％），可推算按照移動停損策略的第一個減碼價位，是自最高點回檔15％的價格263元。

　　因此，在2020/5/19（收盤價256.5）盤中就會進行減碼：

- 假設你的買入張數>2張，那分批減碼就會發生在自高點回檔15％（舉例，假如你持股2張，就會先減碼1張）；最後出清股票則是在自高點回檔30％

- 假如你持股只有1張，那你沒有減碼選擇，你設定的出場價位就是自高點回檔30％。

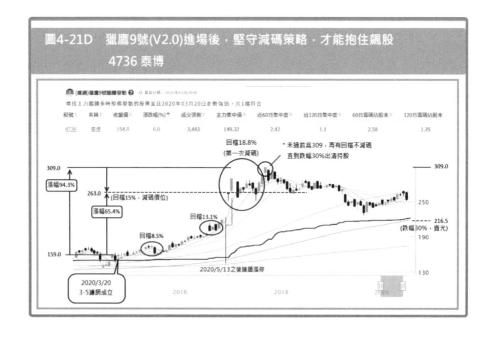

圖4-21D　獵鷹9號(V2.0)進場後，堅守減碼策略，才能抱住飆股
　　　　　4736 泰博

　　再看兩檔飆股4743合一與4128中天，在3-5濾網成立後買進，一路上「漲多跌少」的表現，以及依照策略何時該「減碼」、何時該「賣光」。

獵鷹9號（V2.0）操作4743 合一		
項次	日期	說明
（1）	2020/4/21	≧5% 漲幅紅K突破主力集中價＝重重K成立；重重K停損點45.4
（2）	2020/4/24	≧5% 漲幅紅K 收盤價 55.1＝3-5濾網成立；3-5原始停損點＝51.7
（3）	～2020/6/2	買進後，經歷幾次<15%的回檔，皆不動作
（4）	2020/6/11～2020/6/16	第1次回檔15%，依策略減碼
（5）	2020/6/22～2020/6/24	再創新高後第2次回檔15%，依策略減碼
（6）	2020/7/9～	創歷史最高後回落，按照策略回檔15%，減碼；回檔>30%，出清持股

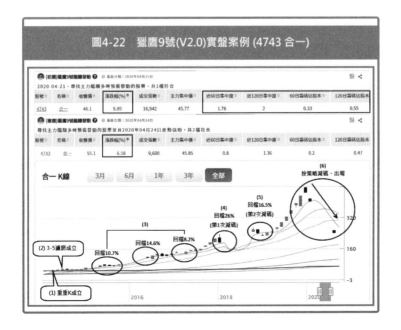

圖4-22　獵鷹9號(V2.0)實盤案例 (4743 合一)

獵鷹9號（V2.0）操作4128中天		
項次	日期	說明
（1）	2020/5/14	≧5% 漲幅紅K突破主力集中價＝重重K成立；重重K停損點22.4
（2）	2020/5/15	≧5% 漲幅紅K 收盤價 26.65＝3-5濾網成立；3-5原始停損點＝25.8
（3）	2020/5/20～2020/5/27	第1次回檔15%，依策略減碼
（4）	2020/6/11～2020/6/15	再創新高後第2次回檔15%，依策略減碼
（5）	2020/7/10～	創歷史最高後回落，按照策略回檔15%，減碼；回檔>30%，出清持股

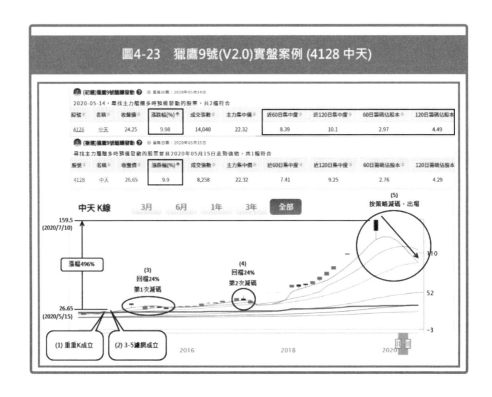

圖4-23　獵鷹9號(V2.0)實盤案例 (4128 中天)

● 獵鷹9號（V2.0）目標就只有大賺

以下這個範例8046南電，是在2020/3/26成立買點，於2020/5/11爬升到最高價位75.9，之後一路回檔到53.3元，下跌將近30％（$\frac{75.9-53.3}{75.9}\times100\%=29.8\%$）。但獵鷹9號策略（V2.0）承擔「要抱到大波段，必須容忍回檔15％，甚至是30％」，賦予股價相當大的震盪空間，讓它有機會整理之後再大漲。

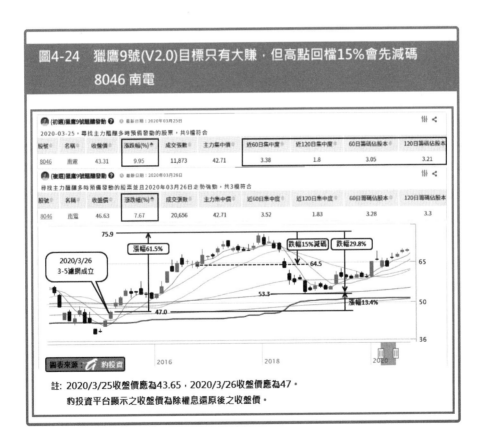

圖4-24　獵鷹9號(V2.0)目標只有大賺，但高點回檔15%會先減碼
8046 南電

註：2020/3/25收盤價應為43.65，2020/3/26收盤價應為47。
　　豹投資平台顯示之收盤價為除權息還原後之收盤價。

當然，這樣的震盪空間也存在下跌的機率，本範例原本 61.5％（$\frac{75.9-47}{47}\times 100\％=61.5\％$）的漲幅，最後卻只剩下13.4％（$\frac{53.3-47}{47}\times 100\％=13.4\％$）。如果讓不懂的人來看，他可能會納悶這是哪們子的策略，吐了快50％的獲利回去？

　　根據策略，這61.5％的漲幅本來就不是我們能賺的，獵鷹9號（V2.0）策略鎖定的就是要吃下100％以上的漲幅。如果我耽溺於40％～50％的漲幅就是要把它吃下，那就同時宣告自己失去漲幅>100％的大賺機會。

　　事實上，獵鷹9號（V2.0）策略也不是這麼消極，前面提過，從高點回檔15％會進行第一次減碼，這正是獵鷹9號（V2.0）策略中折衷的平衡點，讓我們有機會在相對高點獲利落袋，不是等到回檔30％才在相對低點全部移動停損出場。

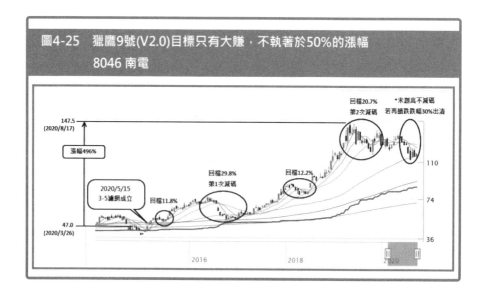

圖4-25　獵鷹9號(V2.0)目標只有大賺，不執著於50%的漲幅
　　　　　8046 南電

NOTE

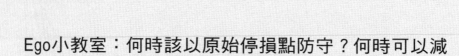

Ego小教室：何時該以原始停損點防守？何時可以減碼15%？何時又該將持股全部出清？

20%以內漲幅，只在原始停損點防守

從波段高點回檔15％會依照策略減碼，但如果漲幅不多就馬上下跌，就會先在原始停損點出場。下圖中，波段高點若未達到13％漲幅（約略計算），回檔達到15％，盤中就會跌破原始停損點，按紀律是應該虧損出清股票，除非盤末有站回，就買回一半，並堅守【被洗不超過2次原則】；波段高點若未達到20％漲幅（約略計算），則回檔15％，就會跌破買點，此時若選擇減碼，將會有交易成本造成的虧損。

簡單來說，波段高點若僅是20％以內的漲幅（按策略，也不該把這點漲幅放在眼裡），回檔過程不做減碼動作，只會固守原始停損點，若盤中觸及停損點就是賣出所有股票，除非盤末站回才會啟動買回一半的機制。

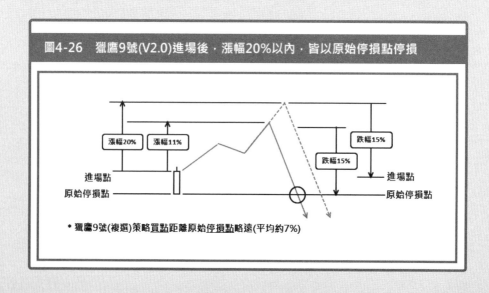

圖4-26 獵鷹9號(V2.0)進場後，漲幅20%以內，皆以原始停損點停損

漲幅20% 漲幅11% 跌幅15% 跌幅15% 進場點 原始停損點 進場點 原始停損點

* 獵鷹9號(複選)策略買點距離原始停損點略遠(平均約7%)

波段高點回檔，第一次達15%減碼，那之後呢？

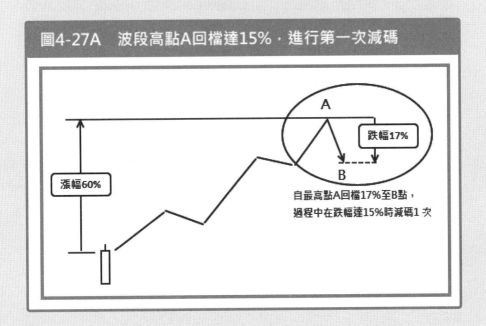

圖4-27A　波段高點A回檔達15%，進行第一次減碼

漲幅60%

跌幅17%

A

B

自最高點A回檔17%至B點，
過程中在跌幅達15%時減碼1次

圖4-27A是一個買進後，股價漲幅已經與進場點拉開足夠距離的範例。以漲幅達到60％後回檔作為範例。創新高A之後回檔了17％，過程進行了第一次減碼，但在這之後該如何因應走勢？這可以區分為兩個狀況：

1. 跌幅>15％後，反彈不過前高，若之後續跌，達30％跌幅出清持股。（圖4-27B）

2. 跌幅>15％後，卻能夠反彈超越前高，再創新高，重新以新高計算跌幅與執行減碼。（圖4-27C）

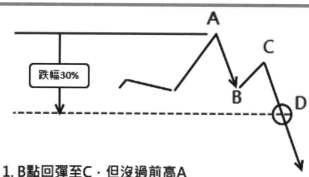

圖4-27B 波段高點A回檔>15%後,反彈不過前高

1. B點回彈至C,但沒過前高A
2. 由於C未過前高A,後續計算下跌%依舊以A為基準
3. 若後續下跌達到D點(跌幅達30%),出清全部持股

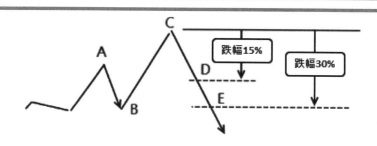

圖4-27C 波段高點A回檔>15%後,反彈過前高創新高

1. B點回彈過前高A,轉折高點C點為新高
2. C點之後的下跌過程中跌幅15%(D點),進行減碼
3. C點之後若未再有新高出現,則下跌達到30% (E點),出清

附錄 B. 獵鷹 9 號 (V2.0) 策略心智圖

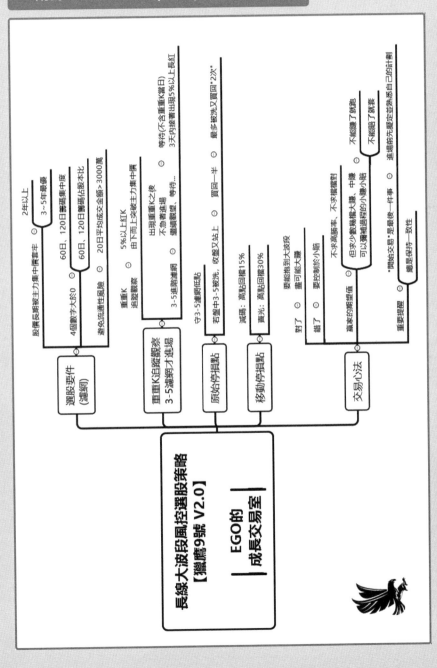

交易系統要素 3：
交易心理

✓ 如果「自己」是影響交易績效最重要的那個
　因素，那我們最該修練的，是「自己」。

5-1 交易三大要素，孰輕孰重？

進入正題之前，我們再複習一次交易系統三大要素：

■ 交易策略

■ 資金與風險控管

■ 交易心理

圖5-1 交易系統的三大要素

交易策略

資金管理
(風險控管)

交易心理

　　在我的交易與教學裡，交易心理的佔比是最高的，也是最需要花時間、心思去學習的。就像《交易本事》書上提到的，「如果『自己』是影響交易績效最大的因素，那我們最該投入時間修練的，是『自己』」。

「交易心理」的功能就是幫助你「知道然後做到」，做到資金與風險控管，做到紀律執行交易策略。當策略設計具有正期望值、資風控也依法操作，那擁有正確的操作過程，終究能在不遠的未來得到正期望值的結果。

風控觀念包含3個點：「原始停損點」決定策略的交易頻率也大幅影響期望值；「進場點」決定資金下多少；「移動停損點」決定賺多還是賺少。

試想，如果你是「聽朋友建議而買股票」，那從風控三個點的角度來檢視，你什麼問題都沒解決：

■ 「原始停損點在哪裡？」➔沒有，朋友只有說哪檔股票可以買。

■ 「進場點跟停損的距離有多大？資金下多少？」➔沒有，因為沒有原始停損點就無法定義風險，就無法資控。

■ 「那要哪裡賣？移動停損點是什麼？」➔還是沒有。或許朋友有說「目標價」，但目標價是停利點，不是移動停損點。

這正是為什麼我們幾乎沒看過，哪位市場贏家是靠著別人報牌帶單而致富的，短線上或許一、兩次跟單可以嘗到甜頭，但未來卻更可能「加倍奉賠」，變成靠運氣賺來的，全靠實力賠回去。

5-2　面對市場，要學會臣服

● 相信市場「什麼事都會發生」

相信市場「什麼事都會發生」，就會知道要做足「負面想像」，隨時風控；在遭遇最壞情況時，我們就依然能夠從容優雅、處變不驚。

斯多噶哲學家塞內卡說：「正是在無需戒慎防範的期間，人應該預先強化自己，來因應較緊急的狀況；而也就是在幸運之神仁慈的時候，人應該壯大自己，以便對抗她的暴戾。在和平的日子裡，士兵會進行操演，即使眼前沒有半個敵人，也都要搭起土木工事，而且不厭其煩從事多餘的苦役，只求必要時能與敵人抗衡。倘若不希望有人臨陣退縮，就在平日好好操兵。」

這是一種「戰時如平時，平時如戰時」的軍事思維，交易也該有此精神。

感謝市場眷顧，過去多年，我的交易系統得以持續創造正期望值的報酬，而在2020第一季新冠肺炎疫情嚴峻衝擊之際，策略績效回檔也沒有超過20%。

你問我如何能夠度過這樣的「黑天鵝」衝擊？我會說：「一切早就準備好了。」而2020年過不到一半，全球股市頻創新高，我的績效報酬也跟著趨勢翻揚超過50%，你問我如何可以知道要

漲了？我還是會說：「一切早就準備好了。」

　　進來市場前，我早就準備好要順勢賠給它了；進來市場前，我早就準備好要順勢讓績效創新高了。對順勢交易者來說，我們不可控的是「何時會跌、何時會漲」，而可控的是我們「早就準備好」。

　　如同橋水資本創辦人達利歐在《原則》書中所說的：「一個組織最重要的是建立自己的原則，而這個原則最終表現出的是一台機器，這台機器有穩定的運行程式，具有某種確定性，哪怕環境會不斷地變化，它也始終會保持某種穩定性，而不是見招拆招的行為方式。如果是這樣的話，無論是做投資還是做實業，你可能會略有所成，但最後一敗塗地。」

　　交易的「原則」就是交易系統，交易系統裡有交易策略，而交易策略「內建風控」，因為策略就是由進場點、原始停損點與移動停損點所組成，掌握這3個點的同時就是做到了風險控管。

　　所以你說我們是「刻意風控」嗎？其實也沒有。我們就只是穩定地依法操作、紀律交易，不因漲、跌而有變異，沒有見招拆招；我們永遠保持一致性。

● 尊重市場充滿不確定性與風險

1929年美國經濟學家、耶魯大學傑出教授費雪曾說：「現在的股市已經來到了一個永恆不變的高原期。」他的意思是，價格將會一直維持在這個高檔區間，股市是最好的資金停泊處。

結果幾個禮拜後，股市大崩盤，市值下跌了九成，許多投資人在這一波的崩跌裡，血本無歸。所有相信費雪這個「永恆不變」的人，在那時全都付出了代價。

1720年，物理學家牛頓也嘗過苦頭。當時的「南海公司」是一間以海外貿易為主的公司，但背後有英國皇室撐腰，許多人都看好南海公司股價會上漲，於是紛紛買進，牛頓也沒缺席，那時的進場價大約是150元左右。

進場後不到半年，股價馬上漲了一倍來到300元，一會兒牛頓就賺到了將近10年的薪資所得，狂喜同時也賣出了股票；但行情並未結束，股價又一路衝高到600元。

從300到600之間，牛頓看著身邊朋友更豐碩的獲利，心中完全不是滋味，「沒賺到比賠錢更痛苦」，於是在禁不起誘惑之下，牛頓又在500~600元重新進場，因為大家都看好股價還有更高點；這次牛頓壓了身家，誓言一口氣討回來。

這一進場，又是歡天喜地，因為股價最高衝到了900元附近，但包括牛頓在內，沒有人知道「高點」在哪裡，再加上前一次「賣太早」的教訓，這次牛頓不急著賣，其實也是不知該怎賣。

就在眾人一心盼望「更高點出現」的過程裡，股價已悄悄掉頭反轉向下，但「高點都沒賣怎可能這時才賣？」於是包括牛頓在內的許多人，抱了上去、又抱了下來。最後這家公司瀕臨破產，股價也已分文不值，牛頓輸掉了他所有家產。

因此我們現在都可以讀到這句股市金句：「我可以計算天體運行的軌跡，但我無法計算人性的瘋狂。」這就是牛頓在輸掉身家之後的感慨。

大文豪馬克吐溫其實也是個失敗的投機者，曾經留下這段股市金句給我們：「5月、6月、7月是不太好交易的月份；其他也不太容易的交易月份大概是1、2、3、4、8、9、10、11月，還有12月。」

市場充滿不確定性與風險，沒人可以僥倖，就連「地表最強」的基金操盤團隊也無法倖免。

1994年LTCM（長期資本管理公司）成立，操盤成員有被譽為能「點石成金」的華爾街債務套利之父梅裡韋瑟、1997年諾貝爾經濟學獎得主默頓和舒爾茨、前財政部副部長及聯儲副主席莫里斯、前所羅門兄弟債券交易部主管羅森菲爾德，這樣的組合比美國國家籃球代表隊的「美國夢幻隊」還要夢幻。

該團隊利用當時最好、最精確的模型推算，認為他們已把「風險」完全定義，他們堅信自己的基金年度要虧損本金10%的機率很低，而基金若要破產，更是 7 個標準差以外的事件。

什麼是「7個標準差之外」？就統計學而言，7標準差是指在完美情況下每10兆次事件中，只會出現3次意外。講白話一點，就是可能地球毀滅了，這個破產風險都還不會出現在LTCM身上。

　　但「市場充滿不確定性與風險」，就在該基金成立5年後，這個「地球毀滅都不會發生的風險」真的給他們遇上了，因為俄羅斯金融風暴事件發生與衍生效應，LTCM隨即從當時「地表最會賺錢的公司」變成了「虧損最快的公司」，短短幾年內公司破產倒閉，據說苦主之一還包括「台灣銀行」。

　　這間公司完美詮釋了「即使機率再小都不保證不會遇到」的慘痛教訓！

LTCM 歷年績效			
西元年/月	報酬率 (扣除基金管理費用前)	報酬率 (扣除基金管理費用後)	初始成本 $ 10,000
1994/12	28%	20%	$ 12,000
1995/12	59%	43%	$ 17,160
1996/12	57%	41%	$ 24,196
1997/12	25%	17%	$ 28,309
1998/12	–	-92%	$2,300
Source： The Personal Finance Engineer			

或許你會覺得這些「故事」都過時了，現在科技進步，取得資訊更透明，運算能力也數倍升級，「不確定性與風險」應該更能被預測與掌控才是？

我們來看看Uber的例子。

2019年5月，Uber準備以45美元的發行價在美國上市，對應的估計市值大約是800億美元。

但在上市前幾個月，市場早有風聲說Uber這次上市價格會非常可觀，最高估算到1,200億美元，許多人都摩拳擦掌，準備大顯身手。但過了幾周，公司發現市場好像又雷聲大雨點小？於是又調降上市價到1,000億美元。

又過了幾周，另一家共用汽車公司Lyft上市之後，表現欠佳，受到同行影響，Uber決定把上市價格定在800億美元。就在Uber上市兩天之後，股價接連下跌，最低剩下600多億美元。

短短幾個月內，一間公司從估值1,200億美元到實際只有600億美元，落差了一倍之多，而我們別忘了在這背後可是當今一群最好的投資銀行、最聰明的腦袋加上最先進的電腦運算而得的數字，大家都覺得自己的評估結果很靠譜，但事實卻差得離譜。

在這背後還有個故事，據說，在Uber這次上市的過程，有間外商公司在上市前，只給銀行內的高資產客戶一個「內部價」買入Uber股份的機會，價格是48美元左右。因為銀行估算Uber上市後遠遠不止這價格，因此許多「大客戶」紛紛覺得撿到便宜，即便公司規定買入後180天內不能賣，許多客戶依然前仆後繼、爭相買進。

結果上市半年內，Uber股價最低來到26元，這些大客戶氣炸了。一群最高端的分析計算遇到極度有錢的大客戶，得到的卻是幾乎腰斬的績效表現，怎麼會這樣？

這其實沒什麼好多解釋的，因為市場的本質就是充滿不確定性與風險，當我們相信「什麼事都會發生」，對於這些現象就能見怪不怪了。

在股票市場裡，常常我們覺得自己已經看得夠清楚、算得夠詳細了，怎麼還是不對？

但就如同《思維的囚徒》書上說的：「你自以為是的思考，其實只是重新整理了自己的偏見。」

在市場裡有些東西我們因為偏見沒看到，更有些東西還沒發生所以看不到，又或者你我都被技巧性地給蒙蔽了？

2020年第3季，台股市場就爆出6452康友的假財報事件，許多企業主紛紛在這檔股票虧損數億元台幣，甚至新聞報導有位老翁是從國家生技中心退休，親友也都在生技產業工作，大家對康友這間公司的營運狀況與產業趨勢深具信心，結果內行人也翻船，一口氣賠上了畢生辛苦掙下的1,000萬積蓄。

2016年也有現已下櫃的3662樂陞事件，2016年4月底有日商宣佈要以128元收購3.8萬張樂陞股票，當時股價大概在100元左右，許多人發現這裡頭有「只賺不賠」的30%獲利價差，於是紛紛向親友借錢、向銀行貸款，想藉此大賺一筆。令人弔詭的是，收購價是128元，怎麼除了100元之外，股價還能跌到95元、90元、80元甚至更低？倘若100元的價差獲利是28%左右，那80元的

獲利空間就是60%，這不是賺更多嘛！於是更便宜的價格讓更多的人前僕後繼湧進去。

圖5-2　日商百尺竿頭宣布公開收購股票後，3662樂陞股價走勢

後來的事我們也知道了，樂陞股價在2016年8月底起，開啟無量跌停模式，每天開盤就是跌停鎖死，價格一路崩跌，最低來到9.86元，跌幅超過90%，當大家最終發現這是一場騙局時，投資人已經血本無歸，而那些借錢貸款者更是不知道下一餐該如何度過。

你說：「還可以跟政府抗議、向公司求償？」

但就如同2020年元大證券發行的「元大S&P原油正2 ETF」因為「30個營業日基金平均單位淨值低於 2 元」而必須依規定清算下市時，許多投資人確實有權利到金管會門口大聲抗議，甚至白布條上還寫下元大證券「失智操盤」？但這些「事後作為」對於自己的虧損又能有多少的彌補？

　　如果大家「買進前與持有過程中」都能依照「風控3個點」的計畫，依法操作、紀律交易，那事後就可以省去這些資金上的鉅額虧損及身心上的折磨煎熬。

　　殷鑑不遠，2020年的新冠肺炎疫情也帶給人們始料未及的衝擊，它不僅一度出現史詩級的崩跌速率，更令人意外的是，包括台股在內的許多國家指數，居然能在疫情尚未緩和前，就接連創下「歷史新高」。

　　如同經濟學家凱因斯說的：「可能你我破產了，市場的非理性還沒結束。」

● 事前做足自己可控，事後接受市場不可控

市場充滿不確定，但我們內心卻可以不隨波逐流，我們可以用自己的確定來交易市場的不確定。

作為一個交易員，我們都該有自己的交易系統，並依照系統紀律交易。縱使我們有再好的技術方法跟運算能力，都無法完全消除市場的不確定性，但我們能「向內求」，我們可以100%做好自己的可控。

在十四世紀初，一部分的瑞士受到奧地利哈布斯堡王朝的暴政統治。在某一個村莊裡，新任的總督在市集廣場豎立一根竿子，並將一頂奧地利皇家帽子掛在上頭，下令人民經過時都必須向帽子鞠躬致敬，違者將受到重罰。

當時，威廉泰爾與兒子因沒有向帽子敬禮而被捕，總督要求泰爾一箭射中放在泰爾兒子頭頂上的一顆蘋果才釋放他們，否則兩人都將受罰。所幸泰爾擅長箭術，張弓發射便精準擊中蘋果。

據說後來自由的瑞士聯邦的興起，就是威廉泰爾用他的箭射下了殘暴的總督而促成的。

在這弓箭手起義的故事裡，我們可以學到什麼？

回到市集當下，我們想像泰爾再次拉滿弓，閉上一隻眼，屏氣凝神，瞄準，放箭。

箭射出之後，結果會怎樣？

可能過程中會忽然吹起一陣風，改變了箭的方向？

也可能孩子忽然動了一下？

甚至母親衝過來想搶救孩兒……

在這過程中，弓箭手可控的是在放開箭矢之前，把一切動作做到最好，但當箭被射出去之後，弓箭手對飛箭的影響力與其結果已毫無控制力。

弓箭手可以在箭被放出之前，非常努力做好自己的拉弓、放箭動作，但當箭飛出去之後，會射到蘋果或還是孩子的眼睛？就不是自己能決定的了。

交易也是如此，我們能控制的就是在進場之前，先把交易系統規劃好，並且在進場當下，再三確認這檔股票是依照交易系統的指導而買進的。至於持有之後，未來股價是會上漲還是下跌？是會大賺還是小賠？我們完全不可控。

一位好的射手會把焦點放在「過程」，盡己所能把可控做到最好，因為他知道若想獲得最佳的結果，恰好不該把專注力放在「結果」；至於箭飛出去之後會射到哪，射手理性接受，縱使結果不如意，他都知道自己當下已經做到最好，或許「之後」還有進步的空間，但已經不是去埋怨責備「剛剛那一次」。

很多投資人在交易的過程常感不安，交易前他不知道自己的可控是什麼，也沒做好可控；交易後又無法冷靜沉著面對市場不確定性所帶來的風險與報酬；到頭來沒有一件事做對，但心情卻也承擔了許多不可承受之重，而這些其實都可以完全改善。

**5-3　「全天候交易計畫」：
無畏多空，紀律交易**

在積累了一定的交易資歷之後，你會發現在股票市場滾出財富的關鍵，是交易心理，其中「依法執行、紀律交易」尤其重要。

但為什麼很多人無法好好遵照系統策略的指導，總是做不到紀律執行？

因為人總是「想太多」。

在2020年史詩級的崩跌發生前，全世界就在擔心「崩跌怎麼辦？」其實這樣的擔心從來沒少過，早在2015年就很多人說台股萬點就是高點，於是從那時候開始就都不敢進場，這一等等了5年，終於「崩跌」了？但熊市曇花一現，不到半年加權指數又創了新高。

確實，未雨綢繆是必要的，這是風控優先的精髓，但我們不能因此投鼠忌器，擔心會下跌而怎樣都不敢買。

我們確實承認自己無知，承認自己不知道風險與報酬誰會先來，但這並不妨礙我們持續依法操作、紀律交易。

面對市場，不可控的是下一刻會怎麼漲跌，可控的是總是做好風控，只要我們在每一筆交易裡都做好風控，就可以對「熊市崩跌」無所畏懼。

2019年起，我在許多公開演講都分享一個「全天候交易計畫」，意指不管股市是晴天、雨天或颱風天都適合交易，大漲也很好、崩跌也不怕的交易計畫。

這個計畫直指一個核心精神：「只做往上漲的飆股。」

看到這裡，你一定會有疑問：「多頭行情只做飆股，這個好理解；但空頭行情還是只做飆股？這不就怎麼進場怎麼賠？這哪行得通？」

我分成幾點解釋：

1. 飆股一直在你我身邊發展著

統計自2016年至2020年上半年，全台漲幅大於200%的股票約有660檔。扣除部分沒什麼成交量，有流通性風險疑慮的股票，那仍有480檔。3.5年的時間有480檔，平均1年約有137檔，再換算下來平均1個月有11檔，1周約有2.8檔。透過統計數字我們發現，其實漲幅大於200%的飆股並不算少，它一直在我們身邊。

註1：從2016年開始取是因為2015年下半年，台股漲跌停規則從7%變成10%，市場規則大幅改變，因此2015年之前的個股就不列入參考比較。

註2：實際飆股出現時間不會如此平均分配，這只是舉例說明。

2. 多頭行情存在時間遠多於空頭行情

攤開加權指數月線圖來看，從1987年起，股市就一直是走多頭的時間遠遠多於走空頭的時間。科技泡沫時代，加權指數從2000年2月跌到2001年9月，空頭進行不滿2年的時間，隨即一路上漲，一直到2007年10月才見高，多頭一走走了6年。

　　2007年10月起，迎來另一波金融海嘯，這次加權跌到2008年11月見底，空頭才走了1年的時間，隨即又從低點一路上漲到2020年，多頭這次走了12年，這過程雖仍有一些下跌，但都沒走出前兩次那般動輒5千點的大崩跌。

　　從這些現象我們可以發現，多方策略可以使用與獲利的時間，遠遠大於空方策略，權衡後會發現多方策略比較值得我們投入開發；再者，多方行情有這麼長的時間我們可以操作。投資人若無法在多方行情累積出賺多賠少的交易實力，就不該期待空方走勢能做得好，因為做空並沒有比較簡單。

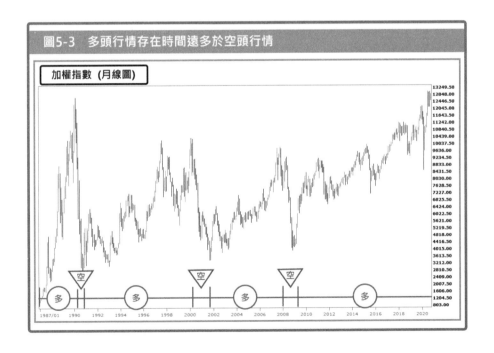

圖5-3　多頭行情存在時間遠多於空頭行情

3. 做多，越賺越多；做空，越賺越少。

我們常聽到人家說「主力、主力」，通常指的是「做多的主力」，比較少聽到「做空的主力」、這是因為做多才好賺。

以下表為例，股價起始價格300元，連續16個漲停之後，可以達到1,078元的獲利價差，複利的威力讓做多的價差增長幅度越來越大；相反的，股價起始價格300元，連續16個跌停之後，產生的價差僅有244元。一樣都很會選股，做多不斷漲停、做空不斷跌停，但同樣時間裡，做多賺到1,000多元的價差，做空只有獲利200多元，效率差好幾倍，若是我，當然把心思放在「做多」。

	做多		做空	
起始價格	300.00	獲利價差	300.00	獲利價差
1	330.00	30.00	270.00	-30.00
2	363.00	33.00	243.00	-27.00
3	399.30	36.30	218.70	-24.30
4	439.23	39.93	196.83	-21.87
5	483.15	43.92	177.15	-19.68
6	531.47	48.32	159.43	-17.71
7	584.62	53.15	143.49	-15.94
8	643.08	58.46	129.14	-14.35
9	707.38	64.31	116.23	-12.91
10	778.12	70.74	104.60	-11.62
11	855.94	77.81	94.14	-10.46
12	941.53	85.59	84.73	-9.41
13	1035.68	94.15	76.26	-8.47
14	1139.25	103.57	68.63	-7.63
15	1253.17	113.92	61.77	-6.86
16	1378.49	125.32	55.59	-6.18
總獲利價差	1078.49		-244.41	

4. 政府政策保護做多投資人

不管是站在公司立場也好、政府立場也好，其實都會希望公司股價是「成長」的，所以整個社會氛圍一定是鼓勵做多不做空。而在政策制定上，做空甚至會受限於「融券回補」規定，強制你手上的空單在特定時刻一定要結束交易；又好比遇到較大下跌時，政府會下令「（有條件）禁止放空」，直接從規則下手不讓你放空，這時任憑你有再好的身手，都沒有機會從股票市場放空獲利。

5. 空方行情堅持做多方飆股，風險不大

講到這裡，我們明白了做多的優勢勝於做空，但還沒解決「在空方行情仍堅持做多方飆股的風險危機？」

其實風險不大。有句話說「覆巢之下無完卵」，這概念在「大盤、個股」之間也是成立的。但要留意的是，大盤下跌跟個股下跌之間，沒有因果或先後關係，只有「同步」。這是因為大型個股跌了，所以加權計算之後，大盤也跌，而不是先有大盤下跌，所以大型個股跟著跌。

但股票市場有其產業上下游的連鎖效應，通常半導體龍頭台積電發展得好，那同類別產業的中小型個股也會跟著好；又好比當被動元件龍頭國巨股價轉弱的時候，同產業的其他公司譬如華新科、禾伸堂也容易跟著轉弱。

這時候大型股與中小型股之間，就有著一點因果關係，看起來好像是因為大哥跌了，所以小弟也跟著跌，但其實整件事依舊可以歸因於同一個理由：這個產業景氣轉差，所以大中小型公司的股價都因此轉弱。

再回到操作的本質思考：「若大盤轉空了、要崩跌了，同步的是大型權值股也轉空了、要崩跌了，幾乎也同步的是相同的各種產業中小型股也轉空了、要崩跌了，而我們還繼續堅持只做多方飆股，行得通嗎？」

絕對可以。

為什麼？

因為「選不到飆股」。

在大盤、個股走空的時候，我們會選不到多方飆股，因此沒得進場，進而沒有買賣、沒有傷害，這就是這套計畫的風控。

以獵鷹9號（V2.0）為例，我們的策略濾網是股價先要有一根漲幅 ≧ **5%** 的紅K，突破了長期套牢的主力集中價線，然後還要接續在3天之內再次出現一根漲幅 ≧5% 的紅K。

試想，如果大盤、個股都要崩，這種多方強勢股還會出現嗎？它必須在大崩跌的氣氛下，先上漲一段不算少的漲幅，然後用漲幅 ≧ **5%** 的紅K的力道突破主力集中價，緊接著還要在有限的天數裡再來一根⋯⋯

若大盤要崩，這種股票出現的機率很小，而我們的策略也確實在這幾年的驗證裡得到相同結論。若你也在股市裡有一定的資

歷，一定會知道當股市在轉空的時候，個股都是在比誰跌得快的，券商電視牆一打開，所有股票都綠筍筍，不是跌停就幾乎跌停，要去哪找到先漲 **≧5%**，然後3天內再漲 **≧5%** 的股票？

這時候「最強的進攻就是最好的防守」。我們事先定義的飆股有多強，那在大盤崩跌的時候，我們防守的能量就有多強。

「選不到股票做」就是我認為在崩盤行情最好的風控，因為「沒有買賣，就沒有傷害。」

或許你會問：「還是有選到怎麼辦？」

照做。

如果全台都在崩、全世界都在崩，這檔股票卻風雨生信心？那一定有問題？是有什麼天大的好消息讓它可以無畏熊市攻擊，依舊走自己的路？這時我們當然持續依法操作、紀律交易。

「還是硬做？失敗怎辦？」你問。

倘若我們在熊市中選到的一檔、或數檔股票最終還是不敵「地心引力」而往下崩跌，我們也不用擔心，因為前面已經學到風控；我們的每筆交易都有「原始停損點」，在跌破3-5濾網的原始停損點時，我們只會小賠停損出場，於是就不會在任何一次的熊市崩跌裡受到大傷害。

只要我們總是依法操作、紀律交易，時刻在乎風控3個點的位置，先有停損點、才有進場點，那根本不需擔心下一刻、下一季、下半年或明年會是牛市還熊市。

若它是牛市，我們自然會在多頭行情裡，逮到屬於我們的飆股，賺多賠少累積獲利；若它是熊市，我們也很大機率依法選不到股票，沒得操作，用台語來說就是：「買嘸嘸損」。

　　但也要特別補充的是，上面這方法不適用「靠交易維生者」。除非多頭行情賺得非常的飽，可以度過空頭行情沒得做、沒得賺的日子，否則雖然空頭走勢仍做多，不會受到什麼大傷害，但卻也沒有獲利機會。

　　我自己是專職交易者，面對這方面的風險，我使用「當沖」來沖抵波段多方的操作風險，特別是利用「期貨當沖」。在股市不變的慣性裡，常常是「緩漲急跌」，上漲需要錢堆，因此漲得比較溫吞也比較久，而下跌只需要「恐慌」，一個足夠大的恐慌就可以讓許多人不計成本瘋狂拋售，造成價格迅速往下竄，波動超大超快，而「波動」正是短線當沖有利的條件之一。對我來說，當沖沒在管做多還做空，只在乎有沒有波動、有沒有價差。

　　這個「全天候股票交易計畫」適用於有正職工作在身的投資人，隨時都可以選股，符合條件時都可以買賣。若是不可控的多方行情出現，你能穩健的賺多賠少、腳踏實地的累積獲利；若是不可控的空方行情出現，就沒有交易機會，你可以繼續專注於本業，積累資金、養精蓄銳等待下一次多方行情的到來。總之，多空行情都以平常心看待、一致性操作，在能力圈內交易，遵照交易系統，別去想撿便宜，只在乎順勢交易，這套交易計畫能安穩地陪著你。

　　用順勢交易的精神來做股票，就很像在深夜裡，自己一人開著車，獨自走在一條筆直、看不到盡頭且沒有路燈的道路；陪伴自己的，只有「車頭燈」。車頭燈能照亮眼前的路，但它也就只能照亮眼前的路。

　　你問：「更遠那邊有什麼？下一個彎之後是什麼？」

　　車頭燈照不到、看不到，更無法先告訴你。

　　但是，只要順著車頭燈所照到的路，穩穩地開，專注地走，車頭燈終究會引導你抵達你要去的目的地。

　　二戰勝利後，一位記者問美國前總統甘迺迪如何知道會打贏這場戰爭？甘迺迪回答：「我不知道路，但我知道前進的方向。」

　　順勢交易者也不知道哪時會賺、哪時會賠，但順勢交易會指導方向，它就是那個陪伴我們的車頭燈。在這條交易旅途上，我們都不知道自己未來會在哪一檔賺到大錢、哪一檔賠到小錢，但我們明確知道只要依法操作、紀律交易，我們終究能「賺多賠少」，一定可以達成長期穩健成長的獲利績效。

5-4 省下心思，別看「大盤」了！

　　這些年來，我不斷在公開演講中，呼籲大家「不要看大盤」，因為「看大盤」對於個股交易的績效表現一點幫助都沒有。

　　什麼是「大盤」？它是以所有上市股票之市值或股價，經過權重計算後所得的一個指數，以台灣來說就是「加權指數」，以美國來說，就是道瓊指數、那斯達克指數、費城半導體指數，以日本來說就是日經指數等。

　　「為什麼投資人做個股卻要看加權指數？」

　　難道投資人直接交易的商品是「加權指數」？不是，因為加權指數無法直接被買賣，你不能說：「今天我要買一張加權指數」，你只能繞個圈交易它的衍生性商品，譬如ETF、權證、期貨等等。如果今天你的交易商品是在這個範疇，那看大盤就變得很重要。

　　但市場上多數看大盤的投資人，交易的是「個股」，並不是大盤。

　　他們做個股卻參考大盤的原因，就是希望透過大盤走勢，可以先知道未來行情。如果可以預先知道未來還會漲，手中的持股就可以抱牢一點，如果預先知道未來行情不太好，就可以開始不再買進或者開始減碼、出光持股？

　　其實參考大盤操作個股，只是讓事情更複雜；個股未來的漲跌賺賠是充滿不確定性的，而大盤亦然。所以看大盤做個股只是讓複雜更複雜，讓不確定更不確定，結果讓自己決策上綁手綁腳、動輒得咎。

　　投資人做個股卻想參考大盤，是因為他們對個股的把握度不高，因為他們不知道個股明天怎麼走，但又想要有「安全感」，所以參考大盤來提振內心士氣。但當一個投資人對個股未來漲跌的把握度不高，我們要如何期待他對大盤未來的走勢把握度更高？

　　要知道預測大盤不會比預測個股容易。因為大盤是「大型權值股」的漲跌加權計算，表面上看的是一檔加權指數，但背後卻是幾十檔大型個股計算而得。是計算一檔個股容易，還是計算數十檔容易？

　　而既然「加權指數」反映的是數十檔大型股的加權計算，那它就只是大型股票當下漲跌的即時反應，因此我們不該期待加權指數有領先作用。**加權指數與個股之間只有「同步」，沒有「領先」。**

　　大型股跌，加權就跌，大型股漲，加權就漲，彼此之間是同步的，而不是「先行指標」。

緊接著我們來思考：「看大盤是否有助提升個股投資績效」？

我知道你一定會說：「個股都會跟著大盤走，瞭解大盤動向非常重要。」這句話不能說錯，但實際問題在於：「其實大家都不知道明天大盤會怎走。」而且就算有人真的精準預測明天大盤會跌？也不代表跌出一根黑K後，未來不會再上漲創高？

早期財經電視節目都很喜歡「預測大盤」，許多「老師」在電視機裡一打開加權指數K線圖，就可以開始滔滔不絕把K線圖還沒發生的走勢都預先畫好……這樣的景況現在已經較少在電視上看到，但是網路社媒卻正方興未艾。

不知大家有沒有這樣質疑過：「如果老師你說的真這麼神準，那你自己壓注多少？」每次上漲了，老師會說：「看吧！之前不是就說會漲了？」每次大跌了，老師會說：「是不是早就跟你說要小心了！」仿佛價格未來會怎麼走，都早在他們招指之間，算一算就先知道？

如果自己可以「先知道」，那你先買了多少？或者先做空了多少？預測者自己是否有從自己的神預測裡賺到大錢？如果真能神預測，應該早就成為首富？如果自己沒有因此賺到錢，那預測又是為了什麼？用話術討好觀眾？增加收視率或按讚數？

即便是股神巴菲特、金融巨鱷索羅斯或橋水資本的達利歐，他們都承認自己沒有神預測的能力，他們也無法事先知道2020年初會如此崩跌，他們也都在這波下跌裡或多或少受到損害，他們過往交易的個股也都曾停損賠過錢。

　　這些富可敵國的投資人，背後擁有龐大的優勢團隊在精算，但他們都不敢保證自己知道未來怎麼走了，那我們見到的這些名嘴、老師又哪來的自信認為自己「都能先知道」？

　　所以，唯有當我們承認自己無法預知未來走勢，才能屏除「想藉由看穿大盤來提升個股交易績效」的迷思。

　　回到事情的本質：「我們交易的是手上的個股，不是大盤。」個股常常有自己的走勢，它是可以不理會大盤的。

　　以下圖來說，圖的上方是加權指數，下方是4171瑞基。在2020/3/2這天，加權指數創了近期新低，但對照瑞基，它卻創了它自己的「歷史新高」。加權指數從3/2起開始一段大怒神式的崩跌，一直到2020/3/19見到最低點，負乖離月線達20%，而瑞基雖然有跟著回檔，但也只是輕描淡寫，簡單下跌交代一下，負乖離月線不到10%，然後就開始從70元一路漲到最高435元。

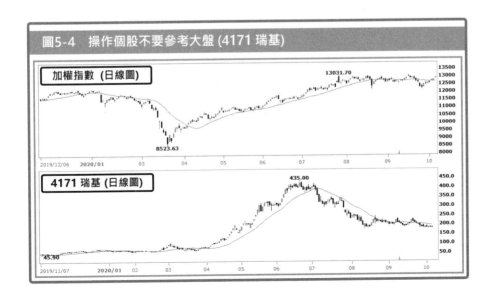

圖5-4　操作個股不要參考大盤 (4171 瑞基)

在那當下，從加權指數甚至從全球金融的走勢來看，很難先預測到這檔股票會漲500%，也不會先知道3373熱映會漲300%，也不會知道原來2020年的3月、4月是買股票的好時機。我們獵鷹9號的策略，分別在3/24選到華擎、3/28選到南電、4/7選到系統電，而這些股票之後全都走出超過100%的獲利漲幅，我們事先都不會先知道，但這不妨礙在那當下總是依法操作。

　　這裡要特別說明，我並不是藉此暗示你說「以後大跌就是買點」，因為漲跌賺賠都是機率，一定有那種可能是「大跌之後，又更大跌。」所以重點不是去預測未來漲跌而做出決策，而是專注在每一個當下，依照交易系統，紀律交易。

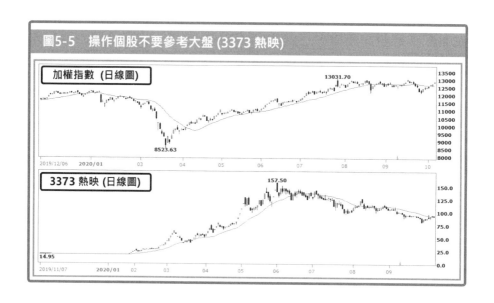

圖5-5　操作個股不要參考大盤 (3373 熱映)

5-5　要成為贏家，從念頭開始改造

● 一切都源自於念頭

有句話說：「當潛意識被看見，命運就被改寫。」要讓自己終端命運改變，從散戶輸家變成穩健贏家，知道做到很重要，這必須從交易心理學著手。

下面是在網路上被廣泛引述、流傳，相當富有哲理的一段話：

小心你的念頭，因為它會變成你的語言；

小心你的語言，因為它會變成你的行為；

小心你的行為，因為它會變成你的習慣；

小心你的習慣，因為它會造就你的性格；

小心你的性格，因為性格最後決定了你的命運。

我把它轉變成一個心理學公式：「念頭→語言→行為→習慣→性格→命運」。學習交易心理，就是學習時刻覺察念頭，進而知道念頭是怎樣影響我們的行為，最後造就我們的命運結果。

專家研究發現，人們多數時候產生的「念頭」，都是負面念頭居多。如果此時此刻交易策略指導我們要買這檔股票，理論上

我們就是簡單地依法操作即可，但偏偏這時會冒出：「要買嗎？但是大盤在跌？」「能買嗎？都漲這麼多了？」，這些念頭與交易系統、交易策略其實一點關係都沒有，但我們就是不自主的想太多。

假設真讓你選到飆股了，而交易策略並沒有指導我們要賣出，結果你卻因為「再不賣就太遲了」、「現在不賣等等下跌怎辦？」等等念頭，結果早早就把飆股賣在起漲點。

這些都是散戶輸家的「心智壞習慣」，而根據上面這公式我們現在知道了，「習慣」來自反覆的「行為」，而「行為」又來自「念頭」，所以一切都是念頭帶來的絕對影響力。

現在，我們都知道這個公式了，就要來好好正向運用，讓好念頭升起，壞念頭不續，藉由反覆運作正確行為形成好習慣，並且型塑出獨立、客觀、誠實、負責的好性格，最終改寫自己的命運！

● 情緒湧出是本能，情緒管理是本事

經歷多年交易與教學經驗，我有個深刻的體悟：「情緒的湧出是一種本能，不被情緒影響正確行動，則是一種本事。」

情緒，是我們對周遭發生事件的看法與回應。但我們必須了解，我們並無法控制周遭發生的事件，這些事件其實是「中性的」，是我們的反應決定了它們是好是壞。

生活中，直覺式的情緒反應，往往引發魯莽、衝動的行為，造成難以收拾的後果。例如，出門不小心弄髒了心愛的衣服，心

情大壞、整天的臭臉迎人，最後也搞砸了一次久違的家人聚會；小孩不小心打破貴重的杯子，長輩一個不當的體罰動作不僅於事無補，還可能讓孩子一輩子有了抹不去的傷痕。

其實，這些結果都是可以避免的。只要能夠掌控我們的心，就可以讓我們握有極大力量去，「決定外在事件對我們意味著什麼」、「運用理性能力，去正確利用所發生的事件」。但掌控情緒並不容易，這可以說是一種本事，一種需要透過打磨、操練才能得到的本事。

市場上的輸家做交易，很容易被「本能的情緒反應」左右，市場一片看好「跟著市場一起興奮」就趕快買，外資出現賣超「怎麼感覺怪怪的」就只想賣。一旦投資人讓自己的買賣決策被無意識的情緒牽引，變數就會非常大，因為情緒並不受控制、且相當容易被影響。

但贏家做交易是依據「系統」。系統就像是一條生產線，從源頭到末端，每個過程、細節都充分品質管理，確保終端產出的產品符合一開始就設計好的規格。

或許你會問：「哪這麼容易？策略（源頭）設計要飆股，就真能選到飆股買進並且賺上一波（終端）？」老實說，這確實不容易。是否每次都能選到飆股，這並不可控，我們可控的只有「按照系統操作」。當符合買進策略的飆股出現的時候，買進並儘量使獲利最大化；若買進後不如預期，也能果斷出場沒有遲疑。

贏家方法，說穿了就是這麼一回事：**依照交易系統，對的事情重複做。**

● 實現「最佳版本的自己」

19世紀哲學家尼采說：「偉人只是自我理想的表演者。」無獨有偶，斯多噶哲學也要我們：「時刻活出至高的自我。」

這兩段哲學告訴世人，在我們心中都有一個「最佳版本的自己」，而在日常的行為舉止中，我們每天都在不斷縮小現實自我與理想自我之間的差距。

本書一開始就聊到投資人要把目標設定在「成為贏家」，這就是一種「理想自我」。我們必須先在心中清楚描繪自己的「最理想的版本」，接著就會知道自己怎麼想、怎麼做是更好的，也就能時刻提醒自己「對的事情重複做」。

在《超級績效》一書中，作者馬克也提到一個例子。有一個學生為了讓自己的績效能跟老師馬克一樣優異，他甚至住進了老師家裡，然後模仿老師刮體毛、模仿老師坐綠色椅子、模仿老師這個、那個……

馬克問學生：「你在做什麼？」

學生答：「為了取得跟您一樣的績效，我希望我的所作所為都跟您一模一樣。」

或許生活上我們沒有這樣一位老師可以朝夕相處，但我們可以透過閱讀一位又一位成功(交易)人士的經典著作來知道他們都是怎麼想、怎麼做，最後整理出一份「致勝秘笈」作為那個「崇高的自我版本」，然後讓自己專注於過程而不是結果，不斷縮小現實與理想兩者的差距，最後就會發現「成為贏家」是一件自然而

然的事情。

一切源於「念頭」，終於「120%篤信、全心全意實踐。」

前面曾提過心理學公式：「念頭→語言→行為→習慣→性格→命運」。終端的「成為贏家」，來自前端的「念頭改變：時刻活出崇高的自我」。當我們有這樣的念頭，知道自己目標是什麼的時候，我們遇事就能不慌不忙，因為我們會在當下問自己：「想達到崇高的自我，現在的我怎麼做最好？」

但我們也聽過有句話說：「聽過無數的道理，仍舊過不好一生。」這是為何？

我想，「最大靜摩擦力」的觀念可以解釋這個問題。

許多投資人的績效表現就好比一顆還沒被推動的球體。在真正被推動起來之前，你需要付出力氣，但這力氣還不足以讓球體開始滾動；想讓球體被滾動，你需要持續付出、並持續加大力氣，一直到力道能「克服最大靜摩擦力」時，球體就能滾動起來。但只要一滾起來後，一個較小的力量就能維持它的持續滾動。

市場上認真學習股票交易的人很多，但為何依舊是「輸者眾」？為何投入學習的人數跟最終成為贏家的人數總是天差地遠？

就像《完成》這本書裡的研究所說：「開始一件事的人很多，但最終完成的人卻很少。」

「知道要依法操作、紀律交易」、「知道要時刻活出崇高的自我」、「知道市場充滿不確定性與風險，所以要總是做好風控」，但許多人最終還是沒有成為贏家，對上述的觀念知識沒有120%篤信、全心全意實踐，他們一個個都在超越最大靜摩擦力之前，就放棄了。

實驗室裡的最大靜摩擦力可以測量而得，但交易人生無法。有人在25歲就突破了，有人在55歲還在掙扎，每個人的最大靜摩擦力不盡相同，但它就是存在，它就杵在那等我們去超越，能跨過去就是門，跨不過去就是檻，而帶著120%篤信、全心全意實踐的人，終能活出最高版本的自我。

我個人認為，面對這件事，我們都沒退路，只能盲目地相信自己未來一定能活出不斷成長的自我。

● 隨時洗腦，創造身心合一的奇蹟力量

很多人聽到「洗腦」就覺得它是貶義詞，好像自己會受騙似的。其實它就只是一個詞彙，本身意義是中性的，端看我們從什麼角度去理解它。

舉例來說，忙了一整天，歷經空氣中的、公司裡的烏煙瘴氣，到了晚上我們都會洗頭、洗臉、洗身體，這才讓自己「乾淨」地上床睡覺。第二天起床，又是一整天的髒污累積，晚上還是得洗個乾淨再就寢。

大腦也是如此，每天清晨起床，我們都有一個澄明清淨的大腦，但過了一天，我們被同事的抱怨、主管的斥責、電視與網路的新聞消息給「弄髒」了，這時我們需要「洗腦」。

「洗腦」是為了還自己一個「澄淨」的大腦，讓自己思想不受汙染，還知道什麼是對的事，還認得那個「崇高的自我」長什麼樣子。

為何很多人「失去了自我」？因為他們沒有洗腦，他們大腦被汙染了卻不自知。

前面我們一再強調「念頭」的重要，因此「時刻洗腦」，讓自己總是懷抱初心、覺察念頭進而做出理性決策是必要的。

有本書叫做《比賽，從心開始》，談的就是如何讓生理作為跟心理思維達成一致。好比很多人都是心裡很想減肥，嘴上卻不斷吃著垃圾食物，這就是身心無法合一。

在人生旅途中，我們不管是讀書考試、就業工作或者交易買賣，都同時有2個比賽進行著：內在比賽與外在比賽。最終能在該領域勝出的人，都是同時打贏了這兩個比賽。

交易也是同樣道理，「策略訊號」出現了，它選到了股票，告訴你這檔股票今天出現了買點；你買，還是不買？

「可是大盤還在跌耶」、「可是前面我才剛停損2次」、「可是這檔股票我之前也曾賠過」、「我就在這產業工作，這沒有前景啦！」策略才出現一個訊號，我們的大腦卻冒出一堆「念頭」，這些其實不必要的念頭不斷湧出，佔據我們的大腦，影響我們的行為決策。

好比一位網球選手在這個回拍球打差了，就馬上擔心下一球也打不好，進而擔心自己會輸掉這局、輸掉整場比賽……這些念頭的湧出，讓他在當下無法正常表現，導致之後每一個回拍都處理得更差，最後就真的完全失去了獲勝的機會。

你問：「這該怎麼辦？」

我認為，跟每天都要洗澡一樣，每天也要不斷洗腦。

因為從「知道」到「做到」，是不同程度的發展歷程，唯有持續不斷的洗腦自己，才能進入到那個120%篤信、全心全意實踐的程度。

舉例來說，現在你知道「交易系統」的觀念，知道要依法操作、紀律交易，然而未來你依法執行的比例可能只有20%，而這樣的比例對於成為贏家來說，跟沒有一樣，毫無幫助。

隨著你反覆看過這本書，同時發現其他經典好書談的觀念也都是這些道理，於是你從「知道」進階到「相信」，確實執行的比例也從20%來到40%。但這仍然遠遠不夠，因為還有超過一半的機率你不會去正確操作。

好的，現在你真的去研究「風控3個點」了，也認同贏家真的就是有著一套交易系統，然後依法操作、紀律交易，你對這些觀

念產生了高度的信任感，知道做到、依法執行的比例也來到了80%，你覺得夠了嗎？

還是不夠。

有次我的學員教會我一個神經生理學上的「全有全無定律(All-or-None Principle)」，從字面上可以知道，此定律的輸出結果就是「非零即一」，沒有灰色地帶。若把這觀念放在交易裡，就是除非我們在交易執行上完全知道做到，不打折扣，否則只要有一點點沒做到，就無法成為贏家。

80%的時間都有作風控，這樣夠嗎？顯然不行。因為這可能就會像LTCM那樣，在20%的機會裡遇上（毀滅性的）風險而虧損大賠。又或者你80%的時間裡都能做到「讓獲利奔跑」，結果就在某次交易中，你未依法操作、獲利續抱，反而提早賣掉，結果錯過了超級大賺的機會。

在我們成為贏家的交易人生裡，實際上只有「完全做到」跟「完全沒做到」兩種結果，「做到80%」也等同完全沒做到。

或許你現在更加知道為何贏家是少數了，但你也知道成為贏家其實不難，只要總是「知道並且做到」。

在《交易本事》這本書裡，作者沙普博士是這樣說的：「如果『自己』是影響交易績效最重要的那個因素，那我們最該修練的，是『自己』。」

祝福你我，不斷學習成長，成為更好的人。

階段	內心狀態	實踐「交易系統」的比例
第一次看完這本書	只是知道	20%
經過幾日的咀嚼消化	願意相信	40%
長時間不斷閱讀與學習	產生信任感	80%
全心全意實踐	120%篤信	100%

"

美國諺語：每件事最後都會是好事。如果不是好事，說明還沒到最後。

"

NOTE

國家圖書館出版品預行編目（CIP）資料

風控 Ego 教你——100 張圖學會順勢交易抱住飆股／葉韋辰 著
　-- 新北市：大樂文化，2020.11
面；公分. --（優渥叢書MONEY；38）

ISBN 978-986-5564-01-8（平裝）

1. 股票投資　2. 投資技術　3. 投資分析

563.53　　　　　　　　　　　　　　　　　　　　109016564

Money 038

風控 Ego 教你──
100 張圖學會順勢交易抱住飆股

作　　者／葉韋辰
圖文協力／詹TJ
封面設計／蕭壽佳
內頁排版／思　思
責任編輯／費曉咪
主　　編／皮海屏
發行專員／王薇捷、呂妍蓁
會計經理／陳碧蘭
發行經理／高世權、呂和儒
總編輯、總經理／蔡連壽

出 版 者／大樂文化有限公司
　　　　　地址：新北市板橋區文化路一段 268 號 18 樓之1
　　　　　電話：（02）2258-3656
　　　　　傳真：（02）2258-3660
　　　　　詢問購書相關資訊請洽：2258-3656
　　　　　郵政劃撥帳號／50211045　戶名／大樂文化有限公司

香港發行／豐達出版發行有限公司
地址：香港柴灣永泰道 70 號柴灣工業城 2 期 1805 室
電話：852-2172 6513　傳真：852-2172 4355

法律顧問／第一國際法律事務所余淑杏律師
印　　刷／韋懋實業有限公司

出版日期／2020 年 11 月 19 日
定　　價／320 元（缺頁或損毀的書，請寄回更換）
I S B N　978-986-5564-01-8